人事の超プロが明かす評価基準

「人事の学校」主宰
フォー・ノーツ株式会社
代表取締役社長
西尾 太

三笠書房

はじめに

あらゆる企業に共通する「評価基準」がある

「なぜ、どうして……⁉」

「あんなに頑張ったのに、結果も出したのに、なぜこんなにボーナスが低いんだ？」

「何でアイツが出世するんだ……？」

「会社は何もわかってない！」

給与明細を見たとき、ボーナスの額を知ったとき、あるいは、人事異動や内示の発表の日、誰もが一度は、そんな疑問や不満を抱いたことがあるのではないでしょうか。


給与、昇進、ボーナス、異動、左遷やリストラ……、会社人生のすべては「人事評価」によって決まります。個人においては、評価が高ければ昇進し、給与も、ボーナスも上がる。評価が低ければ、収入も下がり、リストラさえもあり得る。

逆に会社においては、評価が不当であれば、社員たちが不満を抱き、モチベーションを下げ、退職する人も増える。そうなれば業績も下がり、経営が傾くこともある。社員の人生から、会社の発展や存続に至るまで、かなりの部分が、この「人事評価」に委ねられています。ビジネスパーソンにとって、これほど重要なものはありません。

にもかかわらず、何をすれば評価が上がり、何をすれば評価が下がるのか、多くの会社では、その具体的な「評価基準」が明確になっていません。

働く側にしてみれば、会社が自分に何を求め、何をすれば評価されるのか、その基準をはっきり示されれば、目標や努力の方向性がつかめます。より効率よく、高い能力を発揮できるようになるはずです。

評価する側にとっても、個々の成長を具体的に促すことで、業績も上がり、会社の発展につながり、評価者自身のメリットにもなります。きちんと明示すれば双方にとっていい結果になりそうなものなのに、なぜはっきり示さない企業が多いのでしょう?

なぜ多くの企業で「評価基準」が曖昧(あいまい)になっているのか?

私が、2009年から主宰している人事担当者の養成講座「人事の学校」には、毎月、商社、流通、IT、電子機器、住宅、アパレル、マスコミ、エンターテインメントなど、さまざまなジャンルの企業の経営者や人事担当者がこれまで2000人以上、企業人事や人事制度の基礎を学びにきています。この事実はいったい何を意味するのでしょうか？

答えは明白です。

明確な「評価基準」がないのです。

ある日突然、管理職になり、人を評価する立場になって初めて「何をどう評価したらいいのだろう……？」と、頭を悩ませているのです。

経済産業省の調べでは、日本には421万の企業があります。しかし、具体的な「評価基準」を示している会社は、わずか1割程度。先進的な上場企業で、ようやく3分の1以下。そう、大多数の企業では、明確な基準がないまま、「好き嫌い」も含めた上司の個人的な主観で、人事評価が行なわれているのが実情なのです。

私は、「TSUTAYA」事業をはじめとするエンターテインメント事業、Tポイントを中心としたデータベース・マーケティング事業で広く知られるカルチュア・コンビニエンス・クラブ（CCC）や、TV・映像・WEB・広告・出版などのクリエイティブ・エージェンシーのパイオニア、クリーク・アンド・リバー社で人事部長を務め、その後2008年に人事コンサルタントとして起業しました。ここまでの約25年間にわたって300社以上の人事制度の設計・運用や採用、教育研修にたずさわる中で、ある発見をしたのです。

日本を代表する大企業であっても、社員数名のベンチャー企業であっても、また、いかなる業界や職種であっても、「成長している元気のいい企業」の人事制度の根幹は、ほとんど同じ形をしているということです。

新人、チーフ、課長、部長など、キャリアや職位に応じて会社が社員に求めていることは、どんな企業もほぼ一緒。つまり、明確に「見える化」されていないだけで、どの企業にも通用する普遍的な「評価基準」というものが、実は存在しているのです。

自分の会社の「人事評価」の基準を知っていますか？

本書は、このあらゆる企業に共通する、普遍的な「評価基準」を具体的に示し、徹底的に詳しく解説する、これまでに例のない人事評価の教科書です。

どんな企業や業界にいても、「会社が社員に求めていること」＝「普遍的な評価基準」を理解し、実行すれば、確実に評価は上がります。昇進はもちろん、給与も上がり、どこにいっても通用する力を身につけることができます。より良い職場に転職することも、起業することも、フリーランスとして独立することも可能になり、人生の選択肢が大きく広がります。

逆に、この普遍的な「評価基準」を知らずにいると、昇進や収入に影響するうえ、今どんなに「できる」といわれている人であっても、いわゆる「困った人」と呼ばれ、問題社員扱いされることになっていく恐れがあります。

つまり、この知識の有無が、あなたの人生を大きく左右するのです。

これは「評価する側」も同じです。曖昧な人事評価は、社員のやる気を低下させ、会社の生産性を損ないます。

いかなる理由があるにせよ、「業績が上がらない」「人が育たない」「若手がいつかない」……そんな傾向がある会社は、一刻も早く人事制度を見直すべきでしょう。

公正で的確な人事評価を行なうことは、評価者本人の評価を上げて人望を高めるほか、会社や部署全体の生産性の向上にも貢献します。

今、こうした事実に多くの企業が気づき、生き残りをかけて人事制度の見直しに取り組み始めています。**そして、適切な制度を整えた会社の多くが、社員の能力を引き上げることに成功し、業績を伸ばしています。**優秀な社員の定着率が高まり、外部から良い人材も集まるようになり、採用にまつわる悩みが解消されるなど、雇用面でもプラスの好循環を生み出しています。

人事制度とは、決して、人を裁くためのものではありません。

個々人の能力を伸ばす「人を成長させる仕組み」です。

このように、「人事」に対する意識改革をしていくことで、必ず組織自体も、自ずと成長していくように生まれ変わります。

評価される側、評価する側――、双方のニーズを「見える化」し、人が育つ仕組みを整え、個人も、企業もともに輝かせていくことが、私の願いです。

ひいては、この日本をさらに元気にしていけたら、こんなに嬉しいことはありません。

西尾　太

目次

第1章　なぜあの人は「評価されるのか」「されないのか」
——評価する側、される側の〝見えない壁〟

第2章 「人が大きく成長する制度」
——成果主義、相対評価、目標管理制度……あなたの会社は、大丈夫か？

第3章 何が評価を決めるのか？
――どんな企業にも通用する指標「影響力」とは

第4章

絶対的、評価基準「45のコンピテンシー」

――「評価に値する行動」を全公開

新人クラス

「明るく元気で素直」が絶対条件。ポテンシャルの高さはどこで見るか

一人前クラス

自分のことは自分ででき、任された仕事を完遂できるか?

チーフクラス
周りを巻き込んで成果を出せるか?

課長クラス
チームの目標を達成し、人を育てる

部長クラス

3年先を見据えた戦略・目標を設定し、人を導く

役員クラス
5年先のビジョンを示し、組織を率いる。有能な人材を発掘する

第5章

評価ポイントは年齢によっても変化する

——年齢による「周囲の期待の変化」をつかむ

第6章

これから待ち受ける「4つの選択肢」

――人生勝利の「働き方」と、そこへの最短のルート

編集協力　谷田俊太郎
天田幸宏（コンセプトワークス株式会社）
ＮＰＯ法人企画のたまご屋さん

第1章

なぜあの人は「評価されるのか」「されないのか」

――評価する側、される側の〝見えない壁〟

不明確な評価基準に「不満」が7割

２０１５年3月、日本経済新聞社とＮＴＴコムリサーチが共同で実施した『人事評価に関する調査』のアンケート結果が発表されました。

ここ10年で日本でも成果主義が広まり、評価制度を見直す会社が増えてきましたが、「評価される側」の人たちはどう感じているのか？　本書の内容とも密接に関わる結果が出ています。まずはこの結果から見てみましょう。

アンケートの対象となったのは、20代～50代の男女ビジネスパーソン。経営者や役員クラスを除く会社員（正社員）１０５４名でした。

これによると、「人事評価に満足していますか？」という質問に対して「満足」と答えたのは、わずか3・2％。「どちらかというと満足」と合わせた満足度も23・0％。

一方、「不満」は満足を上回って33・7％。その不満理由の7割が「評価基準が不明確」と、突出していました。

また「人事評価の仕組み」に対しても、「不満」が37・8％、「満足」が19・0％で、「不満」が「満足」を約2倍上回っています。「不満」の理由のトップは、やはり「評価基準が明確に示されていない」でした。

そのほか、**「評価者の好き嫌いで評価されてしまう」「評価者が直属の上司しかおらず、評価が一面的」「上司など評価者が自分の仕事ぶりを把握していない」**といった評価基準が明確でないことに対する不満が上位に。また、**「実績に対する評価が曖昧で、上司からの助言や指導がない」「そもそも評価基準を開示していない」**などのフィードバックに関する不満、といった情報公開の問題性についても指摘されていました。

自由回答欄に寄せられていた代表的な意見も抜粋してみましょう。

「上司次第で評価が変わる」（男性・20代）

「周り次第、評価する人次第で、かなり評価が変わってしまい、平等な評価でないと感じる」（女性・20代）

「成果を伴う評価に繋がっていない」（女性・30代）

「不公平感はあるが、まあ仕方が無いと諦めている部分もある。今すぐに評価者の教育

や意識改革などを行うことは難しいと思うが、会社として不公平を無くす仕組み作りを実施して欲しい」（男性・50代）

「上司に気に入られた人のほうが評価される傾向にある」（男性・20代）

「最終的に評価する人が公平に評価していない。人の『好き・嫌い』によって評価が決まってしまうので、上司の顔色を伺う人が多い」（女性・40代）

「評価基準が曖昧で、何をしたら評価されるのか明確でない」（女性・30代）

「評価する人のレベルが適切でない」（男性・50代）

「しょせんは人間が下す判断なので、対象者全員が納得するのは無理。せめて判断基準の明確化、結果の開示（特にマイナス面）をきちんとしてほしい」（女性・50代）

「上司が変わった場合、評価をしてくれた上司にフィードバックしてもらいたい」（男性・20代）

「フィードバックがあると、次の人事評価のタイミングまでに頑張る要素になると思います」（女性・20代）

「組織の上部のみで管理されていて、実際にどんな評価をされているのか知ることが出来ない。今後は本人に内容を伝え、それを生かす方向がよい…と思う」（女性・40代）

「正当な評価というものはそもそも存在しないと思うので、多少の不条理は仕方がないと思う。そう分かってはいても、いつも物悲しい」（女性・30代）

「人間なので主観が入ることもある。客観的に評価される仕組みがあるといい」（男性・50代）

これらの回答から見えてくる人事評価に対する不満は、主に次の3つに大別できるでしょう。

■上司などによる主観的な評価で客観性がない。

■そもそも評価基準が不明確。評価する人によって判断が変わってしまう。

■何をしたら評価されるのかわからない。

昇進、昇給、ボーナス、異動、進退……、人生を左右することもある「人事評価」は、会社員にとって何より重要なもの。しかしその判断に対して、多くの人が疑問や不満、不信感を抱いているのです。人事評価を行なっている「評価する側」の人たちは、これらの声を真摯（しんし）に受け止め、この現状に対して強い危機感を抱かなくてはなりません。

もちろんそれは、多くの会社の人事制度にたずさわっている私自身にもいえることであり、人事評価の仕組みをより良く変えることは私のライフワークでもあります。

「社員に求めていること」は、どんな会社もほとんど同じ

私はこれまで約25年間、人事関連の仕事をしてきました。大学を卒業後、いすゞ自動車の人事部門で勤労や採用・厚生業務に従事。リクルートに転職してからは、人材総合サービス事業部門で企業の採用・教育に関する営業業務に就きました。

その後、カルチュア・コンビニエンス・クラブ（ＣＣＣ）とクリーク・アンド・リバー社で人事部長を務めたのち、人事コンサルタントとして起業。

現在は、企業の人事全般のコンサルティングを担うフォー・ノーツという会社の代表として、のべ４０００人以上に管理職研修、階層別研修を行なってきました。また、人事担当者の養成講座「人事の学校」を主宰し、２０００人以上の経営者や管理職・人事担当者の指導をしています。

従業員数が数万人の大企業から、たった3、４名でグローバルな活躍をしているベン

チャー企業まで、多種多様な企業の人事に関わってきた者としては、先ほどのアンケート結果は、「妥当」といわざるを得ません。

大変残念なことに、日本の多くの会社では、上司の個人的な「好き嫌い」を含んだ主観的な人事評価が行なわれていることがほとんどで、評価基準が不明確。改善点を指摘するフィードバックがきちんとなされている会社もごくわずか。

多くの人が不満や不信感を感じているように、曖昧な基準で人事評価している会社が大多数であるのが、この国の現状なのです。

社員が納得できるような評価制度が整った企業は、日本の会社全体のたった1割程度。上場企業でようやく3分の1。それが私の実感です。

そんな状況を少しでも改善したい、自分の経験やノウハウを活かして〝人を育てる仕組み〟を提供することで、人を育てる志のある会社を応援していきたい――。

私が起業を志したのも、まさに多くの人事制度に危機感を持ったからでした。この志を実現するには、経営者だけでなく、人事担当者の能力も引き上げる必要があり、２００９年から人事担当者を育成する「人事の学校」という養成講座を始めたのです。

多くの人が気づいていない「原理原則」——ゲームのルールを知りなさい

本書を読み進める前に、「評価する側」「評価される側」のすべての方に知っておいてほしいことが、1つあります。

それは、世界的な規模の大企業であっても、小規模なベンチャー企業であっても、運用されている人事制度の根底にあるものや原型は「ほぼ同じ形」をしているということ。

新人から一人前になり、チーフ、課長、部長、そして役員と昇進していく。そのキャリアの各段階で「会社が社員に求めていること」は、どんな会社も、どんな業界も、ほぼ同じなのです。

自分の会社の人事制度がどうであれ、**この「普遍的な評価基準」を理解しておかないと、たとえ今は超有能な人であっても、評価する側の人間であっても、だんだんと評価されなくなっていき、会社にいづらくなっていってしまうからです。**

まずは、このシビアな現実について認識してほしいのです。

というのは、評価されにくい人には、いくつかの共通する傾向があるからです。

それに該当していると、本人も気づかないうちに低評価→退職勧奨という不幸なコースに乗ってしまうことがあります。

ですから、まずはこの「評価される人」と「評価されない人」の根本的な違いについて理解を深めることから始めましょう。

ゲームやスポーツでも、ルールを知らなければ勝てません。ルールも知らずにリングに上がり、ボロボロに打ちのめされてしまう人のなんと多いことか。

「会社」というゲームのルール、つまり「評価基準」を知ることは、多くの人が気づいていない、最も大事な原理原則なのです。

逆にいえば、この「普遍的な評価基準」を理解し、実行できれば、どんな会社でも、どんな業界でも通用する人材になれるということです。

「課長」と「部長」に求められること——何が違う？

常に高い業績を挙げ、周囲からの人望も厚い。野球でたとえるなら「エースで4番でキャプテン」のような超優秀な人が、なぜかずっと課長のまま。

一方、部下や上司からも評判の悪い人間や、さほど成績の振るわない人間が、部長に抜擢(ばってき)され、役員になっていく。そんな現象が多くの職場で見られます。あなたの会社でも納得のいかない人事が行なわれ、理不尽に感じることがあるでしょう。

しかし、評価される側（一般の社員）と、評価する側（上司や人事部門、会社の上層部）の見方や考え方は、まったく異なります。成績優秀で現場からの人望も厚い人が、「あいつには困ったものだ……」と評価する立場の人たちからは「問題社員」として扱われ、その処遇を持て余されている事例が多く見られます。

なぜだと思いますか？

このギャップについて理解を深めることが、本書の重要な目的の1つです。

「評価される人」と「評価されない人」の違いは、実はそこにあります。

一般的に、それぞれのポジションに対して「会社が求めていること」には、明確な違いがあります。たとえば、課長クラスや部長クラスの人には、ともにマネジメント力が求められるものです。ただし、課長と部長では、求められるマネジメント力の**具体的内**

容は、かなり異なるのです。

人事の専門用語に**「コンピテンシー」**という言葉があります。これは**「成果につながる行動」**や**「活躍する人に特徴的な行動や考え方」**を意味しています。まさに、会社が社員に求めている、「評価基準」そのものです。

課長クラスに求められるマネジメント力の具体的内容は、たとえば「目標**達成**」です。これは、部長から与えられた組織やプロジェクトの目標を達成することにこだわり、あきらめず、あらゆる可能性を追求し、手段を尽くす。そして反対や困難があってもひるまず行動する。メンバーのモチベーションが落ちないように励まし続け、相互に助け合う風土をつくって目標を達成する——。

課長クラスには、そんなマネジメント行動が求められます。いつも高い業績を挙げ、部下からの人望も厚い「エースで4番でキャプテン」というような人は、課長としては十分合格でしょう。

しかし、**部長**クラスに求められるマネジメント力の具体的内容は、課長クラスより難易度の高い「戦略策定」や「目標**設定**」に変わります。

3年～5年先を見据えた、中長期的な視野を持ち、多角的な視点を用いて会社や部門が目指すべき戦略を明示する。数年後の会社のあるべき姿を具体的に描き、リスクも想定したうえで、経営陣やメンバーに示す。こうした「マネジメント力」こそ、〝**部長クラスに求められる重要なコンピテンシー**〟の1つです（各クラスに求められるコンピテンシーは第4章で詳しく説明します。気になる方は先にそちらをご覧ください）。

つまり、たとえ現場での評判は芳しく（かんば）なかったとしても、数年後のビジョンをきちんと示し、組織全体が向かうべき目標を設定し、新たなチャレンジができる人こそが部長としてふさわしい、というわけです。

逆に、「エースで4番でキャプテン」のような超優秀な課長でも、こうした戦略策定や目標設定などのコンピテンシーを達成できる能力がなければ、

「あの人は優秀だけど、部長としての能力はないよね」

と評価され、ずっと課長のまま、ということになってしまいます。

しかも、問題はそれだけではありません。会社という組織では、「現状維持」は決してプラスには評価されません。「課長のまま」という期間が長くになるにつれて、次第

に会社が持て余す「困った人」という位置づけに変化していってしまうのです。

これを知らないと、誰もが「困った人」とされかねない

私たちの会社は人材採用のほか、人事制度の構築、評価、育成、給与、労務管理といった企業の人事業務全般にわたるコンサルティングを行なっているため、何百という数の企業から、さまざまな相談をいただく立場にありますが、興味深いことに、その多くが、〝社内の「困った人」をどうしよう〟という相談なのです。

また最近は、人事評価の公正性を保つために、外部の人事コンサルタントらが参加する「評価調整会議」というミーティングを実施する企業が増えています。それらの会議でかなりの時間が割かれるのも、この「困った人」問題です。

いったいこの「困った人」とは、どのような人なのでしょうか?

個々の事例は、実にさまざまです。仕事をしない、成果を挙げられない、周囲とうまく協働できない、余計なシステムを構築して業務を複雑にする、頑張っているが空回り、果ては部下と不倫している、不正をしている、仕事中寝ている、終業30分前からトイレ

に入って出てこない、会社にこない……などなど、枚挙にいとまがありません。信じられないような事例が無数にあって、私も毎回、驚いています。

このような事例は解雇条件にもなるので、ある意味わかりやすい「困った人」です。個々の事例を説明するまでもなく、皆さんにご理解いただけると思います。

問題なのは、そこまで極端な例ではなく、ごく普通に働いている仕事のできる人が、自分でも気づかないうちに「困った人」になってしまっているケースです。

たとえば、先ほどの「ずっと課長のままの人」のように、ある一定レベルまでの仕事は申し分なくできても、なかなか「次」のステップに進めない人。要するに、成長が止まってしまっている人です。

こういう場合、本人には自覚がありません。業績も高く、職場での人望も厚いのですから、普通に考えれば「仕事のできる人」です。

ところが、会社が求めているのは、成長と変化です。「課長」と「部長」の違いを理解し、「次」のキャリアステップに向けた行動を起こさなければ、評価は次第にマイナスに転じていってしまうのです。

要するに、「困った人」＝問題社員というのは、**「会社が求めているコンピテンシーを理解しておらず（知らず）、会社の求めている行動を取れていない人」＝変化しない人**なのです。

昇進できない、給与が上がらない、そういう人に必要なのは、「今、自分が何を求められているのか？」「何ができていないのか？」「次に何をすることが必要なのか？」を理解することです（「それがわからないから、苦労しているんだ！」という声が聞こえてきそうですが、各クラスに求められる評価基準の全容は、第4章で詳しく解説します）。

課長と部長の違いは、あくまでも一例にすぎません。

新人には新人クラスの、チーフにはチーフクラスの、役員には役員クラスの「会社が求めていること」があります。そしてポジションが上がるごとに、あるいは、年次が進むごとに、評価のされ方は変化していきます。

新人としてはどんなに優秀でも、チーフクラスに昇格してからも同じことをしていたら、早くも20代にて「困った人」になり果ててしまうのです。

「部下を成長させることも仕事」とわかっていない上司

たとえば、30代以上で「困った人」と呼ばれる典型的なタイプは、部下を評価し、成長させることが自分の仕事だと認識していない上司です。いうまでもありませんが、人の上に立つ立場になったら、部下やメンバーを育てることが重要な任務になるのは、どんな組織も一緒です。

きちんと部下を評価しないなら、イコール、部下を育てる気がないのだと見なされても仕方ありません。**評価とは、良い点と足りない点を明らかにして気づきを与え、成長を促すことです。**

課長クラスになると、部下の技術や能力の向上を積極的に支援する「人材育成」が重要な評価基準になります。メンバーに個別の目標達成を促し、評価し、フィードバックを適切に行ないながら、課題点を明らかにして成長させる。

次の部長クラスになったら、直接の指導からは離れ、組織の中から優れた人材を見出して引き上げたり、有能な人材を社外から見つけてきて口説いて入社させたりする「人材発掘・活用」が求められます。

しかし、そういう立場になっても、いつまでもプレイヤーとして振る舞っていて人を育てることをしない、あるいは部下を自分の雑用係のように扱っている人が、実は少なくありません。

部下が悩んでいても、励ましや助言ができない。弱点や課題を指摘しない。個々のキャリアビジョン（仕事上で自らこうありたいと願う理想の姿）を把握せず、何を目指しているのかも知らない。個別の目標設定もできない。相談にも乗らない。部下から突然の退職者を出す――。

こういう人は、たとえ個人としては高い成果を出していても、経営者からのみならず、部下からも「困った人だ……」と思われています。

ある大手企業では、課長職は年収８００万円、すぐ下のチーフは年収５００万円という実情を、評価者である部長が知らず、チーフが課長とほぼ同程度、あるいはそれ以上の結果を出していても気にも留めず、まったく評価していませんでした。

部下の年収を知らないことも問題ですが、年収が1・5倍以上も違うのに、同程度の仕事を要求するのは理不尽な話です。

つまり、この人は部長という立場になっても、部下のキャリアビジョンや人生設計に関心を持っていなかったのです。また、そのチーフを成長させ、昇進・昇給させるための「評価」が、自分の重要な仕事だと認識していなかったのです。

結局、チーフが社長に不満を直訴したことで、この部長は評価を下げることになり、会社としての問題が浮き彫りになりました。

どんな会社でも、部下を持つ立場になったら、人を育てることや昇給させることが重要な仕事になります。それができない人は、高い評価は得られないのです。

「給与」は、何を基準に決まるのか？

会社は社員に対して、常に変化と成長を求めています。

現状維持ではマイナス評価。「困った人」扱いです。

でも、それはなぜなのでしょうか？

給与というのは、社員が会社や世の中に提供した「価値」の対価だからです。会社は、年収300万円の社員には年収300万円に見合った「働き＝価値」を、年収1000万円の社員には年収1000万円に見合った「働き＝価値」の提供を求めます。その価値を計る基準が「人事評価」です。

給与が上がれば、より多くの「価値提供＝仕事」が求められ、給与に見合った仕事ができない人は、「困った人」として問題視されてしまいます。

しかし、冒頭で紹介したアンケートでも多くの人が指摘していたように、会社が明確な「評価基準」を示し、新人、課長、部長、それぞれのクラスに求めることを、できるだけ具体的に明文化したらどうなるでしょう？

新人は「企画提案」することを目標に努力できますし、チーフクラス以上の「人を育てる立場」になったら、部下やメンバーを育てることが自分の「仕事」であり「価値提供」であると、はっきりと認識できます。

課長だったら、「戦略策定」や「変革力」といった、〝部長クラスのコンピテンシー〟の獲得を課題にできます。

ということはつまり、誰もが「困った人」にならずにすむのです。本人にとっても、会社にとっても、これが最も幸せな状態のはずです。それが本来のあるべき姿であり、人事評価の役割なのですが、残念ながら、ほとんどの会社ではそれができていません。

であれば、「評価される側」にできる**自衛策は、普遍的な評価基準＝「コンピテンシー」を学び、理解し実行し、その時々の「評価基準」に達する行動をしていく**しかありません。そうでなければ自分でも気づかないうちに、社内の「困った人」になりかねないのです。

会社はなぜ「社員に求めること」を明確にしないのか？

今、私たちが生きている時代について、私のいすゞ自動車時代の上司であり、リストラ評論家としても知られる砂山擴三郎（すなやまこうざぶろう）氏は、こうおっしゃっています。

「もはやリストラは定年と同じ会社員の宿命といえる時代に入っている。ただし、残りの年数がわかる定年と違い、リストラは突然やってくる」

まさしくその通りです。私もこれまで数多くのそういう事例を見てきました。

しかし、なぜリストラは、ある日突然告げられるのでしょうか？

「困った社員をどうしたらいいか？」と悩む企業は、非常に多くあります。ところが、「困った人」＝「辞めてもらいたい社員」本人には、その自覚がありません。それどころか、自分に問題があることに気づいてさえいないのです。

いったい、どういうことなのでしょうか？

実は、**会社側がその人に何を求めているのかを具体的に明らかにしておらず、伝える努力や指導もしていない**ケースが多いのです。にもかかわらず会社は、あるときついに我慢しかねて、そういう人にいきなり引導を渡すような事態に陥ります。本人にとっては、まさに青天の霹靂（へきれき）でしょう。

なぜそんなことが起きるのかというと、理由は2つ考えられます。

1つは、経営者や人事担当者、直属の上司など「評価する側」の人たちに、「いい人でいたい」「汚れ役は嫌だ」という心理があるからです。

「そんな理由で……？」と思われるでしょうが、人間誰しも、人に嫌われたくないものです。**それが職務上必要であっても、他人の欠点を指摘し、嫌がられることをいうのは避けたい。自分の仕事を任せる職場の近しい人間であれば、**なおさらです。

だから、腫れ物を触るように問題点を何も伝えない。あるいは、当たり障りのないオブラートに包んだ遠回しな言い方しかしないから、本人には、まるで伝わっていない。結果的に、意識や行動の改善が促せないまま、日々がすぎていってしまうのです。

これは、非常に不幸な状態です。日ごろから問題点の自覚を促し、改善方法をきちんと説明して指導し、改善を求めれば、ほとんどの人は学び、気づいて変わるものです。

もう1つは「評価基準」そのものに問題があるケースです。人事評価の基準自体は示されていても、それが現実に即してない、あるいは機能していない。

たとえば、人を育てることをせず、一プレイヤーとして振る舞っている管理職は「困った人」の典型例ですが、もしも「売上」や「数字」しか評価基準になっていなければ、この人に低い評価をつけることはできません。

成果さえ挙げていれば、むしろ優秀な人ということになってしまいます。それでは部下は育たず、会社も成長していきません。部下の手柄を横取りする上司も出てくるでしょうし、若手はそんな上司に嫌気がさすでしょう。

しかし、評価基準に「人材育成」という項目があれば、**部下の問題点に気づいていな**

がら人材育成を怠っている管理職にも、改善を促す明確な根拠になります。

逆に、それがなければ管理職本人は自分の問題点を自覚できませんし、その管理職を評価する上司も、なかなか苦言を呈することができません。こうなると、「部下を育てない困った管理職」に対しても、会社は一定の評価をし、高い給料を払い続けていくことになります。

会社が社員に求めていることを明文化しておらず、「気づき」を与える構造になっていないから、社員は自分が「困った人」になっていることに気づかない。

「評価される側」と「評価する側」の双方に問題を生み出してしまう会社の仕組みに、根本的な問題があるのです。

成長のカギは「無知の知」にあり

「無知の知」という言葉があります。

この言葉の意味は、「自分が物事を知らないということを自覚している」ということ。

これは会社員にとって、とても大事なことです。

自分は何を知っていて、何を知らないのか。何ができて、何ができないのか。まずはそこを自覚する。自分の知らないことや、できていないことを理解すれば、勉強するなり努力するなりすればいい。

問題なのは、「知らないことを、知らない、自覚していないこと」。

一流大学を卒業し、ＭＢＡを取得している超エリート社員でも、職場で「困った人」になっているケースは珍しくありません。

彼らは新人であっても、会社の「戦略」について雄弁に語ることができます。「戦略策定」は、〝部長クラス以上に求められるコンピテンシー〟であり、それができるのですから、彼らは、潜在的には非常に優秀な人たちです。

しかし、新人に最初に求められるのは「チームワーク」や「マナー意識」といった社会人としての一般常識であり、会社員としての基礎力です。

それらが身についていない状態で組織全体が取り組むべき「戦略」について語っても、何の説得力もありません。評価の対象にもなりません。むしろ、やるべきことをやらない「困った人」として、職場で問題視されることになります。

つまり、〝会社員としての大前提を「知らない」ことを知らない〟のです。

『出世する人は人事評価を気にしない』（平康慶浩／日本経済新聞出版社）という人事関連のビジネス書が注目を集めました。

優秀なパーツになれる人材と、理想的なリーダーになれる基準は異なる、経営層まで出世する人は人事評価を気にしない、といったことが鋭く指摘されています。

確かにその通りです。理想的なリーダーの資質を持った本当に優秀な人は、人事評価を気にしなくても高い評価を受けて出世していきます。

しかし、ゲームのルールとして人事評価制度の内容は知っておいたほうがいいとも、著者の平康氏はおっしゃっています。

大企業の経営層まで昇りつめるような人は特にそうした傾向が強いのですが、評価基準を気にしなくていいのは「会社が求めていること」を本能的に理解し、指導されなくても高いパフォーマンスを発揮できる、1％にも満たない限られた人だけです。

私は、多くの人にとって成長の目安となる「評価基準」は、やはり必要だと思います。

20代で、自分が知らないことやできないことに無自覚で、「自分は優秀だ」「自分は仕事ができる」と勘違いしてしまっている困った人たちに必要なのは〝客観的な気づき〟

です。

やっかいなことに、こうした自信過剰な若者たちは、先輩たちから欠点を指摘されても、ただの年寄りの説教だとバカにして聞き流すことが少なくありません。

しかし、会社の「評価基準」として無知の自覚を促すことができればどうでしょう？より説得力を持って指導でき、改善のチャンスを与えることができるはずです。

「あなたは、とても知識が豊富です。でも、新人の時期に必要なチームワークやマナー意識が不足しています。それが今後の課題です」

このように、勘違いを指摘し、知らないことを知っている状態に引き上げ、正しい方向に導いていくことで、人事評価は「本当に優秀な人材」や「将来のリーダー」を育てていくツールとして使うことができるのです。

「先が見えないという不安」は、どこからくる？
——若者が次々辞めていく職場の問題点

私が人事評価に「人材育成」という視点が必要だと考えるようになったのは、カルチュア・コンビエンス・クラブ（CCC）で人事担当を務めていたころでした。

現在のCCCは、TSUTAYA事業をはじめとするエンターテインメント事業、Tポイントを中心としたデータベース・マーケティング事業で広く知られる会社に成長していますが、1998年から2000年代前半にかけては、まだ人事制度も未整備のベンチャー企業でした。

当時、私たち人事部門が頭を悩ませていたのは、若い社員が次々に辞めていくことでした。退職の理由はさまざまでしたが、かなりの割合で共通していたのは「先が見えない」という言葉でした。

「この会社や仕事内容は好きですが、このままここにいても成長できるかどうかわかりません」

みんな口をそろえてそう語るのです。**会社の成長に対する不安もあったと思いますが、それ以上に、自分の将来への不安が大きかったのでしょう。**

その後、クリーク・アンド・リバー社に転職しても、やはり同じ理由で辞めていく若手社員が多く、それで私は痛感したのです。

人事制度は、人材育成をベースにしたものにしなければならない。自分の将来が見える、キャリアステップを明確にしたものであるべきだ、と。

将来が見えないというのは、若い人に限らず、誰もが不安を感じるものです。自分がどんなキャリアを積み、どんな将来を歩んでいくのかわからないのは、地図も持たずに見知らぬ場所を旅するようなものです。

当時のCCCでは「一般給与制」と「年俸制」の2つの人事制度が混在し、どちらの制度にも問題点がありました。

「一般給与制」は、階層概念がないために、仕事に見合った適度な昇給がない。だから「先が見えない」。

「年俸制」も評価基準が曖昧だったので、キャリアアップの具体的なイメージがわきにくい。

今、人事コンサルタントとして多くの会社の実情を知ってみると、離職率の高い会社、若手がすぐに辞めてしまう会社には、評価制度が整っていないという傾向が見られます。

自分の成果に見合った評価をされなければ、優秀な人は当然、モチベーションが下がります。ほかの会社に転職したほうが給与も上がるかもしれません。人事制度が整った会社なら、自分の将来も具体的にイメージできます。

たとえ同じ給与だったとしても、いえ、たとえ下がったとしても、将来に希望が持てる企業に移ることでストレスが減ると思えば、そちらを選択することは大いにあるでしょう。優秀な人ほど辞めてしまう「残念な退職」を防ぐ意味でも、明確な評価基準はやはり必要です。

きちんと評価されるには？「働きかけ方」も大切

「でも、いくら自分が頑張っても、会社の人事制度そのものに問題があるのなら、自分の評価も変わらないだろうし、あまり意味がないのでは……？」

ここまで読んで、そう感じている評価される側の人のために、アドバイスを1つ。

評価基準が曖昧な会社だったら、評価基準が明確な人事制度に変えるべく、自ら会社に働きかけるという選択肢があります。

〝チーフクラスのコンピテンシー〟の1つに「動機づけ」があります。これは、チームの目標達成に向けて周囲に働きかけてチームのやる気を高めるというものであり、会社から強く求められる重要な評価基準の1つです。

この基準に照らすと、上司から指示された仕事しかしない人は、高い評価は得られません。

目標の実現に向けて、「周囲の人間」を巻き込み、動かしていく主体的な行動力が必要です。そしてこの「周囲の人間」には、当然、上司も含まれます。つまり、目標達成のためには、上司を動かすことも重要な任務の1つなのです。

仕事ができる人は、上司をうまくマネジメントしているものです。人事制度に疑問があるのなら、第4章で紹介する普遍的で汎用的な評価基準「45のコンピテンシー」を上司に見せて、「今期は、これを目標に○○の結果を目指します。それで評価してください」と提案してみましょう。

上司を動かし、制度自体を変えてしまいましょう。部下やメンバーがいるなら、彼らを巻き込んで上司に提案する。部下がいないなら、同僚や他部署、外部スタッフやお客さまなど、会社の外の人も動かす。多くの人を動かす積極的な行動力は、人事評価の対象にもなります。

また、**自分の評価に不満がある人、人事評価の低い人の特徴として、上司と話し合う**

ことが苦手で、上司を避ける傾向が見られます。

そういう消極的な姿勢は、さらに評価を下げてしまいます。〝一人前クラスで身につけるべきコンピテンシー〟に、「主体的な行動」があります。自ら考えて、上司に対しても「こうしたいのですが、いいでしょうか?」と提案し、自分の考えを問いかける。そういった主体的な行動を、人事評価に関してもしてみるのです。

直属の上司がダメなら、さらに上の上司や人事部に働きかける。それでもダメなら、経営者に直談判する。会社の制度を改革し、組織全体が活性化したら、あなた自身も非常に高い評価を得られ、今後の人生が確実に変わります。

もちろん、会社の人事制度を変えることは簡単ではないでしょう。しかし、変えることで成功し、成長している会社も、決して少なくはありません。

自ら行動を起こしてみる価値は、十分にあるのです。

「理不尽さ」や「いじめ」解決の一助にもなる

私がこの本を書こうと思ったきっかけの1つは、社内でひどい扱いを受けている同僚女性についての相談を、ある人から受けたことでした。

その女性は、とても感性が豊かでセンスがあり、学力もポテンシャルも高い人なのに、言動にちょっと感情的なところがあることと、評価者にはその感性やセンスが理解しにくいようで、会社からまったく評価されていないそうです。それどころか、何をしでかすかわからない危険な人だと経営者に思われてしまっています。

周りの人は、それをいいことに、彼女にやっかいな仕事を押しつける。明らかに担当業務量が多すぎるのに、ミスをしたら、それを監督する直属の上司ではなく、彼女が全員参加の会議の場で責められ、詫（わ）びを入れさせられる。しかも業務量はほかの人以上であるにもかかわらず、20代後半になっても新人と同じ職位、最下位の給料で働かされているというのです。

これは完全に「いじめ」です。あまりに不当でひどい話だと、私は憤りを覚えました。

詳しい話を聞くと、その会社には、やはり明確な人事評価の基準がありませんでした。

彼女の直属の上司も、「人を育てることが仕事」という意識があるにはあるようですが、人材育成がうまくいかないことを彼女の**資質**のせいにして、自分の責任をごまかしているようです。

もし明確な評価基準がある会社なら、力のある人は正当に評価されますし、マネジメント能力のない上司は評価されません。

低く評価されている彼女自身にも問題はあるでしょうが、その足りない部分を理解できるように示してやり、具体的な改善方法を指導することで、さらなる成長を促すことができるはずです。

会社の人事制度を変えることは、この女性のような不遇な扱いを受けている人を救うことにもなります。

具体的なアドバイスを何もせず、あるいはミスの起こりやすいシステムを変えもせず、「もっと売上を上げろ」とか「ミスを出すな」というのは指導ではありません。売上を伸ばす方法を助言し、ミスを出さないようにチェックできない上司自身の問題なのです。

同じような悩みを抱えている人は、数多くいるでしょう。

明確な人事評価の仕組みをつくることは、社内のいじめ対策にも有効なはずです。ぜひ多くの人に取り組んでほしいと思います。

「評価」とは本来、ポジティブなものである

成果主義やグローバル化が進み、働き方が多様化している昨今、さまざまな企業が適切な人事制度を取り入れることに積極的になっています。私も連日のように全国を飛び回り、日本各地の企業で制度構築のコンサルティングや関連の研修を行なっています。

新しい人事制度の導入説明会をさせていただくときに、私はクライアントの社員の皆さんに、いつも必ず同じ質問をしています。

「皆さんは『人事評価』や『評価制度』という言葉に、どんなイメージをお持ちですか。ポジティブですか、ネガティブですか？」

最も多いのは、「ネガティブな印象です。ちょっと嫌な感じがします」という答えで、人事評価をポジティブにとらえている人はほとんどいません。

とはいえ、「それでも必要なものだと思います」と回答する人も少なくはないので、さらにこんな質問を続けます。

「では、必要なものではあっても、『人事制度』という言葉に『イエーイ！　楽しみ♪』って感じますか？『人事制度、イエーイ！』と思う人はいますか？」

この質問に対しても、手を挙げる人はまずいません。評価制度は必要だ、という認識は持っていても、人事評価を前向きなイメージでとらえている人は非常に少ないということでしょう。

でも、本来はそうではないのです。**人事評価とは、そもそも「褒める」ことなのです。**

評価制度は「社員を褒めて育てる」ポジティブな制度であるはずなのです。確かに現状の多くの評価制度は、そのようには機能していません。制度以前に、〝社員を褒める上司〟も滅多にいないようです。

「皆さん、この1カ月の間に、仕事で褒められたことのある人はいますか？」

人事制度の説明会でそう質問すると、一人も手を挙げないことがほとんどです。

「それでは、誰かを褒めた人はいますか？」

この質問に対して手を挙げる管理職も、とても少ないのです。

上司が部下を褒めることも、部下が上司に褒められることもない。何をすれば褒められるのか、改善点を指摘する人も、改善方法を指導する人もいない。それが多くの会社の現状です。

伸びる企業は知っている——人事評価の「真の目的」

私が推奨している普遍的な評価基準を明示する人事制度は、**「褒めるべきポイント」と「これから育成すべきポイント」を明らかにする仕組み**です。

私たちが提唱している45項目のコンピテンシー（第4章参照）は、すべて「社員を褒める材料」になります。

「頑張っているね。すっかり『主体的な行動』が取れるようになったね」

「いいね、『企画提案力』がついてきたね」

「『問題分析』は的確になってきたから、あとは『プレゼンテーション』の力を高めていこう。話の展開を工夫すると、もっと賛同が得られやすいよ」

ポイントが明確になれば、このように誰もが人を褒めやすくなります。部下を褒める上司が滅多にいないのは、**上司自身がどこを褒めたらいいか、わかっていないから**でしょう。

しかし、仕事に必要な行動やスキルを細かく分解していけば、褒めるべき点と育成すべき点が明らかになります。褒められて嫌な気分になる人なんていないはずです。褒められる機会が増えれば、当然、部下のモチベーションは上がります。

評価と育成は、表裏一体なのです。自分にできること、できていないことが明確になると、人は気づいて自然に育つものです。

評価制度の目的は、人を裁くことではありません。給与を決めることだけでもありません。給与は結果であって、本当の目的は「育成」なのです。

「評価制度なんかで人は育たない。自分は等級制度や目標管理、それに基づく評価制度なんかで育った覚えがない」

コンサルタントの中には、そうおっしゃる方もいますが、おそらく適切な評価制度が運用されてない環境で育った方なのだと思います。

少なくとも、私自身は等級制度や評価制度で育てられた部分が大きいと断言できます。

たとえば、リクルートという会社がそうでした。評価の運用・フィードバックにはとても力を入れていました。各人の目標も明確でした。

目標を達成しようと努力することで自分が成長できた実感もあり、上司と部下が評価について、ざっくばらんに話し合える環境でもありました。当然、会社の業績も好調です。そんな自分自身の経験もあるからこそ、私は本気で思っているのです。

人事制度が変われば、人が変わり、会社も変わる、と。

人が育つ仕組みを提供し、企業と人の成長を推進することを目標に、2008年から、いくつもの会社で人事制度の構築をしてきました。

そして今、明確に業績がアップしているという数値が出そろったことで、私はその手応えを強く感じています。

では、評価と育成が一体となった人事制度とは、どんなものなのか？

次章でより詳しく説明しましょう。

第2章

「人が大きく成長する制度」

——成果主義、相対評価、目標管理制度……あなたの会社は、大丈夫か？

その制度のプラスとマイナス

現在、多くの会社の人事評価制度は、どうなっているのでしょうか？

企業の経営環境や日本人の働き方が変わる中、「評価する側」の人たちも、どう制度を改善したらいいのか頭を悩ませています。

評価制度の構築や見直し、管理職や人事担当者を指導する「評価者研修」の依頼など、私たちの会社に多くの相談が寄せられているのは、その証（あかし）でしょう。

では、評価制度を変えていくためには、どんな点に注意したらいいのか？　本章では、各制度の具体的な問題点と改善策を挙げていきます。

①「相対評価」と「絶対評価」——人が育つのはどっち？

まず、人事評価には、**「相対評価」**と**「絶対評価」**の2つの方法があります。

「相対評価」とは、同じグループ内のほかのメンバーと比較して順位をつけ、正規分布させる方法です。組織の平均実績を割り出し、それを基準に組織業績への貢献度をベースに評価するという方法もあります。

「絶対評価」は、評価基準に照らし合わせて一人ひとりを評価する方法です。ほかの社員と比較してつける評価ではありません。個々の能力や実績と評価基準を、つき合わせて判断するので、等級ごとに異なる評価基準を設けることが必要になります。

どちらにもメリット、デメリットはありますが、**私は人事評価においては「絶対評価」を基本にすべき**だと考えています。

明確な評価基準のない会社では、「鈴木のほうが山田より頑張っているから、鈴木は評価A、山田は評価B」という具合に、「相対評価」に流れやすい傾向があるのですが、これは大変危険です。

「あいつは頑張っている」「あいつはよくやっている」という見方は、評価ではなく、主観的な印象にすぎません。個人的な好き嫌いが含まれる可能性も高く、公正さの欠けた、恣意的な序列をつくることになります。さらにまた、「山田は目標を達成しているけれど、評価Aはほかに5人もいるから、今回は評価Bに下げておこう」といった、実際の成果や実績を無視した人事評価になりがちです。

目標を達成しているのに、そのように不当に評価された社員は、当然モチベーションが低下します。これでは、とても人材育成には結びつきません。しかも、「評価Ａ」に達した人が多かったからといって、ある人を「評価Ｂ」に下げてしまったら、評価基準への信頼が一気に失われてしまいます。このような評価の仕方は、何があっても避けるべきでしょう。

一方、「絶対評価」の基本的な考え方は、メンバー全員が評価基準に達した場合でも、全員が「評価Ａ」になるので、そういう問題は起きません。理論的には、この場合、組織全体が高い評価を得られる好業績の状態ですから、全員の評価が良いということがあってもいいのです。

評価される社員の側には、「どうせ相対評価なんだろ」「誰かを評価Sにするためには誰かをBにするんだろ」「マイナス評価するんだろ」といった人事評価に対する半ばあきらめにも似た不満を持つ人が多く、これが、社員同士の足の引っ張り合いやモチベーションの低下、雰囲気の悪化、情報の抱え込みを招きます。

人事評価に対する不信感は、すなわち会社への不信感につながり、仕事への意欲も、成長したいと願う向上心も失わせてしまいます。

絶対評価で公正に評価し、評価基準は厳守する。仮に「評価A」以上で相対化することはあっても、評価基準を逸脱してはならない。これが人事評価の原理原則であり、守るべきルールです。

②「目標管理制度」と「等級制度」――どうすれば運用しやすいのか？

日本の会社の約7割は、**「目標管理制度」**や**「等級制度」**といった評価制度を導入しています。

「目標管理制度」とは、「経営学の巨人」と呼ばれたピーター・F・ドラッカーが、1954年に初めて紹介したマネジメント手法です。

目標管理とは「目標と自己統制によるマネジメント」という意味であり、自主性や自己統制に基づいて、組織目標に対して組織の一員である自分ができることを、命令や強制ではなく、自ら目標として掲げ、それを達成しようというものです。

これは社員が自ら目標を設定し、ＰＤＣＡサイクル（計画(Plan)→実行(Do)→点検・評価(Check)→改善・処置(Act)）を繰り返し実行していくことが基本となります。

「目標管理制度」は多くの会社で導入されており、知的労働が主流の会社では必須の制度といえますが、残念ながら、その運用がきちんと行なわれている会社は多くありません。

なぜなら、**目標となるものが売上の数字だけとか、目標設定自体が非常に曖昧かつ漠然としたものであれば、評価制度としては機能しない**からです。

たとえば、「給与計算ミスをゼロにする」とか「給与計算日を三営業日に短縮する」といった具体的な数値目標や行動目標を立てずに、漠然と「給与計算ミスを減らす」としているだけだと、評価基準も不明確になり、社員が必死に努力して成果を挙げたとしても、特に評価されなくなってしまうのです。

やはり根本的な問題は、「評価基準」にあります。評価基準が不明確な状態では、目標（ゴール）が曖昧になってしまい、適切な評価も下せないのです。それどころか、まったく見当違いの目標に向かってエネルギーを注ぎ込んでしまうことが多いのが実情です。

「等級制度」とは、職能等級、役割等級、職務等級など、会社や職種によって等級の意味づけや分け方、呼称も異なりますが、どれも社員のキャリアステップを示し、育成のベースとなるものです。等級と給与は連動し、等級が上がるにつれて給与も上がっていくのが一般的な仕組みとなっています。しかし、この等級制度にしても、各等級における「評価基準＝会社が求めていること」が明確になっていなければ、公正な評価制度として機能しません。

いずれにしても一番重要なことは、その根幹となる「会社が社員に求めていること」が明確に示されていない状態では、どんな人事制度も、的確かつ客観的な評価ができる制度として機能しないということです。

こういう言い方は語弊があるかもしれませんが、制度をつくること自体は、実はそれほど難しくありません。

大事なことは、本当に「運用できるかどうか」です。人事制度というのは、「設計」よりも「運用」のほうが100倍大変です。体裁よく整った人事制度はたくさんありますが、適切に運用されている制度にお目にかかることは滅多にありません。

たとえば、昨今のスマートフォンは、いろいろな機能が満載ですが、いくらハイスペックな機能を備えていても使いこなせなければ意味がないし、その分、費用が高くつくし、動作が重くなります。操作方法を覚えるだけでも大変で「面倒くさい、もういいや……」となってしまいがちです。

人事評価も同じなのです。多くの人が人事評価に不満を持っているのは、制度自体はあっても、評価基準が明示されていないか、制度として機能していないか、その制度自体に問題があるからなのです。

③評価項目の「多い」「少ない」——上司の好き嫌いが影響するのは？

運用できない制度の代表例といえば、「細かすぎる制度」です。これは外資系企業に多く、人事・総務・営業・経理……と、職種ごとに評価ポイントを細かく分類し、具体的なスキルに関する評価項目も詳しく折り込んであったりします。一見、職種に応じた正しい評価ができそうに思える制度です。

しかし、問題なのは、その分、「評価する側」にかかる負担が大きくなることです。部下が多くて評価項目も多いと、評価作業に莫大な時間とエネルギーがかかります。

たとえば、営業課長として自ら営業活動もしているプレイングマネジャーが、通常の業務を行ないながら、十数人の部下の、無数にある評価項目を厳密にチェックするなんて、現実的に可能でしょうか？　評価する人にしてみれば、細かすぎる評価項目にうんざりして「ああ、面倒くさい。もういいや！」と投げ出したくなってしまうでしょう。

また、特殊な技術職や専門職においては、評価者自身の資質や知見、レベルも厳しく問われてきます。

私はテレビ東京の長寿番組『開運！　なんでも鑑定団』が大好きで、鑑定には相当な知識と経験と研鑽(けんさん)が必要だろうなぁと、いつも感心しながら観ています。この番組では「目利き」と呼ばれる鑑定士が骨董品を評価し値段をつけます。

でも、同時に思うのです。人と骨董品、どちらの評価が難しいのだろうか、と。

レオナルド・ダ・ヴィンチの傑作と、素人の落書きの違いを「数値」で説明することはできません。非凡と平凡を分ける〝明らかな資質・センス〟の差があっても、その違いを説明するためには、専門的な知識や幅広い見識が不可欠となります。

ましてや人事評価は、社員の一生を左右することもある重要なものですから、ある程度の細かい評価基準を設けることは不可欠です。ですが、評価者に過剰な負担をかける「細かすぎる制度」を運用するのは現実的に不可能です。また、刻々と変化していく会社と世の中の制度に、「細かすぎる制度」は対応できません。改訂に大変な時間と労力がかかれば、結局、運用できない状態のまま放置されてしまうでしょう。

逆に、「評価基準が粗すぎる制度」も大いに問題があります。

私が行なっている評価者向けの研修では、その管理職の作成した評価者シートを見ながら、質問やアドバイスをさせていただいています。

その際、「なぜ、この人は評価が高いのですか?」と訊（たず）ねると、「いやぁ、まぁ全体的に……」「社歴も長いし、頑張っているからそろそろ」といった曖昧な回答が返ってくるケースがしばしば。

評価者本人は客観的に評価しているつもりでも、**評価基準が大雑把で、すき間があればあるほど、個人の好き嫌いや主観が入り込む部分が増えていきます。**

人事評価に対する不満の中でもかなりの割合を占めるのが「上司の好き嫌い」による

主観的な判断であり、実際に多くの職場で、主観的で曖昧な人事評価が行なわれているのです。

評価基準が大まかだと、評価者の「個人的な判断基準」に基づいて部下を評価することになると気づいた会社の中には、低い評価をつけた際は、本人にその理由を説明することを管理職に課している会社もあります。それ自体は良いのですが、この場合、別の問題が発生します。

管理職が、ある部下を本当は「B」と評価していたとしても、その理由を考えて本人に伝えるのは面倒なので、「それなら全員Aでいい！」と、いい加減な評価をつけてしまうことが、頻繁(ひんぱん)に行なわれてしまうのです。

それでは本当に頑張った人と、そうでない人が同じ評価になってしまい、社員全体のモチベーションが下がります。当然、業績にも影響します。

こうした状況をなくすには、やはり評価項目を適切な細かさに分類した人事評価のフォーマットをつくり、それを明確にするしかありません。

もちろんそれはどんな職種でも、誰でも使えるように、普遍的な基準を設定した、汎用的な制度である必要があります。

④「360度評価」——意外にも公正ではない盲点とは？

「そもそも上司が部下を一方的に評価するのは、不公平ではないか？」

「部下が上司を評価してもいいのではないか？」

「いっそ職場の全員で評価するようにすれば、本当に公正な結果になるのでは？」

こうした思惑から、主観的な評価をなくすために「360度評価」（多面評価）を取り入れた企業も実際にあります。

これは、ある人物に対して、直属の上司だけでなく、同僚、部下、他部門の関係者などのさまざまな人が、あらゆる角度から多面的に評価する方式です。私の会社でも、問い合わせをいただくことが多く、たくさんの企業が実際に導入しています。

部下が上司を評価するのは良いことだと思います。1人の部下に対する直属の上司と、そのほかの人間の評価には、どんなギャップがあるのかが明確になり、その上司の評価能力を計るという意味でも、大変有効な手法です。**使い方によっては非常に有意義な評価方法であるのは間違いないのですが、私は、〝給与に直結する人事評価の方法〟とし**

ては、あまりお勧めしていません。

なぜかというと、必ずしも公正な評価になるとは限らないからです。不思議に思われるかもしれませんが、いくつかの理由があります。

(1) 評価基準がばらつく

明確な「評価基準」があり、それが全社員に浸透している状態ならともかく、そうでない場合は、結局は評価者全員それぞれの主観による評価になりがちです。好き嫌いで判断する人も、人間関係を重視する人もいるでしょう。評価の甘辛もばらついてしまいます。全評価者の視点をそろえることは、極めて困難です。

(2) 期待値の高低により評価が変わる

期待値が高い人には評価が厳しくなり、期待値が低い人には「まあいいんじゃない？」と評価が甘くなる傾向があります。また、「厳しい上司」に対しては評価が低くなり、「甘い上司」には評価が高くなる傾向もあります。甘い上司が、必ずしも「いい上司」とは限りません。

（3）人気投票になる

仕事の成果や努力に対する評価ではなく、ただ単に人気投票になってしまう危険性があります。人気のある人は評価が高く、人気のない人は評価が低くなりがち。上司など、特定の人物の〝人望〟を調べる方法としては有効かもしれませんが、給与に直結する人事評価に反映させてしまうと、不当に給与が下がる人が出てくる可能性が高く、会社ぐるみの「いじめ」のような事態になりかねません。

（4）評価を操作できる

上司の360度評価が行なわれる前に、その上司に食事に誘われて御馳走されたりしたら、低い評価をつけられるでしょうか？　社内の仲良しグループから「お互いに良い評価にしようね」と誘われたら、拒否できるでしょうか？　こうした不正を厳密に防ぐことは不可能です。たとえ拒否する人がいても、ほかの全員がそれに従ったなら不平等な評価になります。そして、こういうケースが実際に多くの会社で見られます。

さらに現実的な問題として、仮に1人の人物に対して5人が評価するとしても、評価者は通常の人事評価の5倍の手間をかけて精査することになります。それが部門全員、社員全員などということになったら、その人数次第では天文学的な数の評価シートを管理し評価することになってしまいます。

私自身も、実際にこの制度を運用した経験がありますが、ものすごく大変でした。この評価方式を運用していくのは、非常に困難。それが正直な実感であり、現時点での結論です。

直属の上司以外の人からの評価を聞くことで、本人に気づきを促す教育や育成の参考にするには適していると思いますが、「360度評価」を人事評価の仕組みとして導入するのなら、かなりの配慮が必要になるでしょう。

⑤「成果主義」――万能薬か？　劇薬か？

個人的な主観に左右されない、最も公正な人事評価として考えられるのは、数字や売上などの「成果」のみで判断する評価方法でしょう。この発想に特化したのが、いわゆる「成果主義」です。これは、一般的には3カ月〜半年という短期間のスパンで目標を設定し、業績の結果のみで人事評価や報酬を決定します。

バブル崩壊後の1990年代～2000年代前半にかけて、多くの日本企業は、従来の年功序列型の報酬制度が維持できなくなり、欧米型の成果主義の導入が一大ブームになりました。

ところが、業績を上げるために導入されたはずの成果主義は、結果的にはほとんどのケースが失敗に終わっています。

売上以外は数値化できない「成果」というものの定義の難しさ。短期間の過酷な目標設定による過度のストレス。自己の成績のみに邁進（まいしん）することで生じる、人間関係の悪化。失敗を恐れて、無難な目標に走りがちになるチャレンジ精神の減退、および、社員のモチベーションの低下……、数々の問題点が浮き彫りになったのです。

富士通や三井物産など、一度は成果主義を導入したものの、大幅な軌道修正や見直し、あるいは撤廃を余儀なくされた会社も少なくありません。

ただ、その一方で、成果主義のブームから10年が経ち、「成果」を最も重視するという考え方は、日本でも広く定着してきています。

月刊誌『THE21』（2015・4／PHP研究所）の特集記事「いつも評価が高い

人vs.なぜか評価が低い人」のアンケート調査で、大変興味深い結果が出ています。「あなたの会社の人事評価で最も重視されているのは何だと感じますか?」という質問に対して、評価「される」側の回答の1位は「個人の成果」(38・8%)。それに対し、評価「する」側が重視している項目の1位も、まったく同じ結果(38・8%)でした。

さらに、「何を最も重視する人事評価制度だと、納得感が高いですか?」という質問に対しても、評価「される」側の回答のトップは「個人の成果」(39・8%)という結果になっていたのです。

多くの企業の不明確な評価基準や、上司の好き嫌いによる不公正な評価などに対する不満が、自分の頑張った結果が公正かつダイレクトに反映される「成果を重要視する人事制度」を望む声になっているのかもしれません。

成果を重視することについては、私も異論はありません。給与とは、会社に提供した価値の対価ですから、成果を重視するのは当然だと思います。

ただし、数字や売上「だけ」を評価基準にしてしまうと、多くの危険を伴うことになります。

ある企業の経営者から、こんな相談を受けたことがありました。

「うちの会社のある部署では、部下は軒並み評価が低いのに、その上司である課長だけが飛び抜けて評価が高くて、自分だけ多く報酬をもらっているんだ。部下の評価が低いのは、上司である課長の責任なのに、こんな状況はおかしい。そんなことにならない人事制度にしてほしい」

調べてみると、この会社の人事制度は「売上」だけで評価される計算式になっていて、顧客からクレームが入ると、その人の評価は下がるという仕組みになっていたのです。

つまり、部下はクレームの数で判断されるのに、上司は「売上」だけで評価が決まるので、いくらクレームがあっても「売上」さえ立っていれば、上司だけは高い評価を得られるというわけです。

部下の評価は軒並み低くて、上司だけが高いなんて、あまりにもおかしな話です。売上「だけ」を評価基準にしてしまうと、このような事態が起こり得るのです。

成果主義の問題点が浮き彫りになった有名な例といえば、富士通や三井物産です。たとえば三井物産では、1999年に徹底した成果主義を導入しました。しかし20

02年～2004年にかけて、立て続けに大きな不祥事を引き起こします。

短期的な成果・結果主義が引き起こした事案でした。もともと三井物産は、マニュアル化できないノウハウを先輩から後輩へ伝え育てる「人の三井」といわれ、それが強みでしたが、個人成果偏重の制度を導入してから、「業務知識や人脈を人に教えると損」などといい出す社員が出てしまい、「人の三井」の強みを急速に失わせてしまったのです。

結局、同社では2006年に、チームワークや価値観の共有、人材育成といった定性的な行動を重視する制度に改めたのです。

この事例にも象徴されるように、成果は重要な評価基準の1つですが、チームワークや人材育成、変革力など、〝さまざまな評価軸のうちの1つ〟と考えたほうがいいでしょう。

企業は人なりです。**結果や短期的な成果だけではなく、今すぐには儲けにつながらなくても、試験的、実験的、種まき的なチャレンジも評価される制度を築いてこそ、最も大事な資産である「人」が育ちます。**やはり人事制度は、成果だけに特化しない、公正で「人を育てる仕組み」にすることが、社員にとっても、会社にとっても、幸せな結果を招くことになります。

この「人事ポリシー」が貫かれているか

時代の変化に合わせて、人事制度も根本的な変革をしていく必要はありますが、変えるべき点をきちんと見極めることも重要です。

評価の基準そのものや、人事の仕組みをころころと変えるのは良くありません。

多くの会社で見られる失敗例は、人事異動や中途採用で新たに着任した人事部長が、その人の個人的な思惑で、それまでの評価基準や制度自体をガラッと変えてしまうケースです。

なぜそんなことをするのかというと、新たに着任した人事部長の存在価値は、現状の否定にあるからです。現状の制度を壊し、新たな体制を築き上げることでしか、その人自身の評価が上がらないからです。

もちろん、その改革によって会社が良い方向に変わるなら、歓迎すべきでしょう。

しかし、そうでない場合は、人事部長が変わるたびに制度が変化することになり、社員が混乱し続けます。こういう事例も、とても多くの会社で見られます。

会社が社員に求めることを示す「人材育成の要（かなめ）」となる評価基準が、半年や1年という短期間で、ころころ変わってしまうと、社員は何を目指し、どんな成長ステップを歩んでいけばいいのか不安に陥ります。

人材育成を担う管理職にしても、部下をどんな人材に育てればいいのか、判断基準が見えなくなってしまいます。

また、世間の流行に左右されて人事制度を頻繁に変えることも社員を混乱させます。

2000年代以降も、人事に関連するさまざまな流行や流行語が生まれました。

ワークシェアリング、トライアル雇用、パワハラ、OJT、ワーキングプア、メンタルヘルス、ワークライフバランス、限定正社員、ジョブローテーション、追い出し部屋、タレントマネジメント、グローバル人材、ブラック企業、残業代ゼロ法案……。

こうした流行に対応することで成功した制度もあれば、そうでないものもあり、定着したものもあれば、そうでないものもありました。

うかつに流行を取り入れたことで失敗した企業は、数多くあります。

社員が安心して長く働ける制度をつくるためには、個人の思惑や世間の流行に流されない、確固とした「人事ポリシー」に貫かれた評価基準が必要です。

人事ポリシーとは、「会社の社員に対する考え方」です。

どんな社員がほしいのか、社員に何を求めるのか、どうやって社員に報いるのか。年齢に応じた給与にするのか、成果に応じた給与にするのか、社員に働いてほしい期間、評価の軸となるポイントは何か――。

人事制度を構築する際には、このような「社員に対する考え方＝人事ポリシー」をさまざまな角度から検証し、あらかじめ数年先まで見据えて整理しておく必要があります。

世の中の多少の変化には揺るがない盤石（ばんじゃく）な仕組みが望ましいでしょう。

こうした人事ポリシーがないと、人事評価や採用が場当たり的になってしまい、社員の数はいても、必要な能力を持っている人材がいなかったり、本当は必要のない人を雇ってしまったりして、高い給与を支払うような事態になりかねません。

「人事ポリシー」をブレさせず貫く。

これが社員に信頼される一貫性のある制度にするための、最も重要なポイントです。

評価基準の曖昧さが表れている例① 住宅手当がある

管理職や評価者の研修を行なっている際、あるいは学生に就職アドバイスをしているときに、私がよくする質問があります。

「住宅手当がある会社は、いい会社だと思いますか？」

この質問をすると、100％に近い人が「はい、いい会社だと思います。働くほうとしては、住宅手当はすごくありがたいです」と答えます。

でも、私は必ずしもそうは思いません。

住宅手当とは、社宅、独身寮の提供、家賃補助、持ち家支援の社内融資制度などの名目で、社員の住まいに気を配る福利厚生の1つです。

こんな制度があると、社員思いの、いい会社であるかのような印象を受けるでしょう。

しかし、一人暮らしの人には3万円の家賃補助が出ていても、同じ会社で実家暮らしの人には何の補助も出ないわけです。

転勤の場合には、転勤先の家賃を6割負担するという会社もあったりします。この場合、地方から東京に転勤してきた人は、都心に近い家賃20万円の高級マンションを借りても、自己負担が8万円ですむのです。これも転勤者にとってはありがたい制度ですが、もともと東京で採用された人は、郊外にある家賃7万円の狭いアパートに住んでいたりするのです。同じ会社で同じ仕事をしていながら、不公平ではないでしょうか？

こうした制度は、別の見方をすると、全員に給与を何万円かプラスすればいいものを、その何万円かを払わずにすむ人をつくっている仕組みということになります。

社員のことを考えているようでいて、実は会社にとって都合のいい、公正さに欠ける制度かもしれないのです。

賃貸住宅に住んでいると家賃補助が出るけれど、持ち家を購入すると「実家扱い」となり、それまで出ていた住宅手当が出なくなる会社もあります。ですが、これでは誰も家を購入しようとは思わないでしょう。

また、家族手当にしても同じことがいえます。少子化対策として子供が増えたら手当を増やす会社が増えてきましたが、給与とは、社員が会社に提供した価値の対価です。子供の人数と会社に対する価値提供は、本来、何の関係もありません。

住宅手当にせよ、家族手当にせよ、根拠のない曖昧な理由で福利厚生を手厚くしている会社は、総じて「評価」にむとんちゃくな傾向があります。

公正に人事評価を行ない、社員一人ひとりの成果や努力をきちんと給与に反映させようとする会社は、こういう発想にはなりません。**評価と給与を直結させているのです。**

人事の立場からいうと、仕事を頑張っている人がいたとしても、**賞与**を増やすならともかく、**毎月の基本給**を3万円上げるのは難しいことです。

人件費とは、簡単に増やすことはできません。社員が100人いる会社で、全員の月給を1万円上げるとなると、年間で1200万円が必要になります。たとえその年の業績は良かったとしても、翌年はどうなるかわかりません。人件費が高騰すると、経営を圧迫することになります。

高度成長期やバブル期に育った親の世代は、子供が就職するときに、

「で、その会社、住宅手当はあるの？」

と、必ず聞いたものですが、「住宅手当のある会社＝社員思いの、いい会社」というのは、昔の話です。現在は、成果主義の広まりとともに、属人的な手当は廃止して、給

与は「評価」で決めようという流れが、社会全体の主流になりつつあります。

注意してください。あなたの会社は評価を軽視していて、人事評価に公正さが欠けているかもしれません。転職の際も、住宅手当や家族手当は大事なチェックポイントです。

評価基準の曖昧さが表れている例②
「あいつは頑張っている」と評価者が口にする

「あいつは頑張っている」という言葉も、人事評価に関して公正さに欠ける会社を見分ける1つの手がかりとなる要注意ワードです。

注意すべきは、評価者の立場にある人間が、特定の部下に対して頻繁に使っている場合です。

仮に、その社員が本当に頑張っていたとしても、多くの場合、ある職場で特定の一人「だけ」が頑張っていることなんて、めったにありません。たまたま、その評価者の目に映る範囲で、一番頑張っているように見える「だけ」であることがほとんどです。

逆に、「あいつはダメだ」「あいつをどうにかしろ」という言葉を頻繁に聞く会社も明

確な評価基準がなく、何ら具体的な根拠もなく、特定の人物を低く評価していることが多くあります。

特に、ワンマン社長が仕切っている中小企業における「あいつは頑張っている」「あいつはすごい」といった言葉は、極めて危険です。そう社長から評された人は、どんどん昇進していきます。ゲタをはかされ、課長から部長、部長から役員へと、一気に昇りつめることもありますが、そうなることは、その本人にとって必ずしも良いことではありません。なぜなら、それは一時的な社長の「マイブーム」であり、熱が冷めるのもあっという間だからです。一年も経てば、いきなり左遷となることも少なくなく、あくまでも一時期的な現象にすぎないからです。

オーナー社長による判断は、「究極の主観的な人事評価」といっていいでしょう。

企業の経営者は、いつも人材に飢えており、オーナー社長の場合は特にその傾向が強いものです。常に、人材の枯渇感を抱いているため、いい人材だと判断したらとことん引き上げますが、期待に応えられなかったり、別のいい人材を発見したりしたら、すぐに関心はそちらに移ってしまいます。

このような人事は会社全体に悪影響を与えます。

仮に、社長に「若い人が抜擢(ばってき)されれば、ほかのみんなもやる気になるだろう」などという思惑があったとしても、その抜擢は完全に裏目に出ます。明らかに、えこひいきとしか思えない人事によって社員全体のモチベーションが下がり、会社の業績も急降下してしまうからです。

こうした事態を防ぐには、やはり評価基準を明確にし、社長の独断がすべてにならない適切な人事制度の仕組みをつくり上げるしかないでしょう。

どんな規模の組織にも共通する「シンプルな基盤」

私の会社では、業界も職種も会社の規模も異なる複数の企業の経営者に集まっていただき、それら数社の人事制度をいっぺんに策定していくという、人事制度のシェアコンサルティングも行なっています。

これは経営者同士の課題をシェアしながら、各社の人事制度を一緒につくっていくというコンサルティングで、3カ月間かけて、8回のミーティングで「人事ポリシー」「行動指針」「評価制度」「等級制度」「給与制度」といった人事制度を完成させていきます。

「給与もボーナスも、金額の根拠を説明できない」
「先代から会社を受け継いだが、給与や手当がぐちゃぐちゃ」
「以前つくった制度が細かすぎて運用できない」
「社員に、もっと自分で考えて、成果を上げるようになってほしい」
「社長の考えていることが、なかなか浸透しない」
「人がほしいが、なかなかいい人材が見つからない」

業種も規模も歴史も異なる会社同士ですから、当然このように、各社が直面している課題もそれぞれ違っています。そんな状態で同じ人事制度をシェアできるのかと疑問を持たれる方もいますが、これが実際に可能なのです。

なぜかといえば、繰り返しお伝えしてきたように、多くの会社で運用されている人事制度は、大企業でも、小さな会社でも「ほぼ同じ形」をしているからです。

人事制度というものは、実はとてもシンプルな仕組みでできています。
まず基本にあるのは、**「等級制度」「評価制度」「給与制度」**の3つの要素で、それぞれがリンクしています。

等級制度＝「会社が社員に求めるもの」を明示し、評価制度＝「会社が求めていることと社員の現状の乖離（かいり）（ギャップ）」を確認したうえで、給与制度＝「給与」に結びつける。

そして、評価によって明らかになった乖離を教育制度で埋めて、「人を育てる仕組み」にする。

つまり、人事制度の策定で最も重要なことは、すべての始まりである「会社が社員に求めるもの」＝「評価基準」を明確にすることです。

多くの企業が、「階層ごとに求めている目標や行動（＝コンピテンシー）」は、会社の大小を問わず、ほとんど共通しています。「うちの会社らしさ」といった行動指針となる部分に差異はあっても、本質的なものはさほど変わりありません。

初めてピアノを習うときは、バイエル、ハノン、ツェルニーなどを練習し、運指の基本を学びます。自由に弾いているように見えるジャズピアノでも、運指の基本は共通しています。しっかりとした理論や型がある。

基本となる部分が共通しているのは、人事制度も同じです。

「大手企業がやっているような人事制度は、うちでは難しい。それでもちゃんとした評価制度は必要なのでしょうか？」

社員数名の小さな会社を経営されている方から、そんなご相談をいただくこともあります。

たとえ数人の会社であっても、一定の仕組みがあったほうが、経営者のストレスは少なくなります。社員にとっても、キャリアビジョンが見えやすくなり、非常に働きやすい環境になります。人事制度とは、「人材育成」のための仕組みです。小さな会社だから制度は必要ない、社員を育てる必要はない、ということにはならないのです。

むしろ小さな会社のほうが大企業よりも社員一人が担う役割が大きいため、明確な評価基準を示すことが重要です。

たとえば「5段階評価で3」より「A＝ありがとう」が人を大きく育てる

人事評価においてもう1つ大事なことは、評価の**仕方**です。**評価制度は人を褒める仕**

組みであるべき、と第1章の最後にお伝えしました。

何でもかんでも褒めればいいというものではありませんが、人事評価というのは、人を裁くためのものではありません。**良かった点は褒め、足りない点は改善を促す。**

それが公正な人事評価です。そういうメリハリがなければ、「何をやっても同じ」ということになり、社員のやる気が失われていきます。

しかし、前述したように、私は人事制度の説明会や研修で「最近、職場で褒められたことはありますか？」と毎回、参加者の方々に質問していますが、「褒められました」と答える人は驚くほどいません。歴史や伝統のある会社ほどその傾向が強く、社員がやる気を出しにくい環境になってしまっているようです。

どうして部下を褒める上司は少ないのでしょうか？

第一に照れくさいのでしょう。あるいは、誰かを褒めれば誰かが妬む。そういう状況を避けるための一種の予防策なのかもしれません。いえ、そもそも日本には、人を褒める風土がないのかもしれません。いずれにせよ、人を褒めにくい風土があるのなら、制度として「社員を褒める仕組み」をつくり、社員のモチベーションを上げていくのが賢いやり方だと思われます。

私は、人事制度の構築や見直しの依頼を受けたときには、評価の仕方は**「評点制」**ではなく、**「評語制」**をお勧めしています。

評点制とは「5・4・3・2・1」「120％・100％」などと数字で表す、いわゆる点数制。評語制は「SS・S・A・B・C」と言葉で評価する制度です。

そしてこの評語制を、次のような意味で運用することをお勧めしています。

■SS……スペシャルすげえ‼
■S……すげえ！
■A……ありがとう
■B……挽回しましょう
■C……かなり挽回しましょう

企業が公式に採用する人事用語としてはフランクすぎるかもしれませんが、人事評価の目的は「人を育てること」であり、「褒めること」です。わざわざ難しい言葉を使って、険しい表情で評価する必要なんてありません。

何より、標準評価の**「A」を「ありがとう」と読むこと**に意味があります。褒めて育てる、「ありがとう」は、まさにこのコンセプトを象徴する言葉なのです。

また、これは心理的な意味合いが強いのですが、5段階の点数制における「3」は一般的には「普通」「並」「平均」というニュアンスが強いものです。

しかし、会社が求める標準レベルに達する仕事をした人は、もっと褒められてしかるべきです。「3＝できて当然」と評されるよりも、「ありがとう」と賞賛されたほうが、社員もさらなる意欲がわいてくるでしょう。

人事評価で最も多くの人が該当するのが、標準評価の「A」です。

ということは、「今月もありがとう！」「ありがとう、来月も頑張ろう！」といった感謝の言葉が自ずと社内で交わされるようになり、互いに褒め合う風土がつくられていくのです。

「評語制」に変えるだけで、すごい活性化

数字で表す「評点制」は、計算がしやすいので、人事にとっては便利な制度ですが、

日常的に社員を数値で評価していると、相手が生身の人間である意識が希薄になり、デジタルな記号的存在に感じられてきてしまいます。

その点、アナログな言葉を使った「評語制」は、相手がリアルな肉体を持った一人の人間であることを、ごく自然に実感できます。

人事評価をするときに特に大事なことは、評価者同士の話し合いです。一人ひとりの被評価者（評価される人）の現状について、良い点・課題点・改善点・今後の育成方法など、さまざまな意見を交換し合う際に使う、「すげえ！」「ありがとう」「挽回しましょう」といった直接的なフレーズは、この評価者同士の話し合いを活性化させる効果もあります。


「彼女は○○を達成したのだから『すげえ！』ですね」

「いや、あれは難しいミッションでしたから、『スペシャルすげえ‼』でしょう」

「『動機づけ』は『ありがとう』だね」

「彼女のキャリアなら『挽回しましょう』でもいいかもしれません」

「あえて厳しく『かなり挽回しましょう』と評価して、さらなる成長を期待するというメッセージにするのはどうでしょうか？」

評語制を導入した企業の評価調整会議では、毎回このような会話が交わされ、個々の育成方法などについて熱心な話し合いが行なわれます。

こうして社員一人ひとりの人事評価について話し合うことで、評価者や経営者自身がマネジメント意識を高めていくのです。自分の部下だけではなく、ほかの部門の社員にも関心を持つという効果もあります。

そして、評価会議で話し合われた内容は、社員一人ひとりに詳しくフィードバックする。このサイクルが円滑に回ることで、人が育ち、会社が活性化していくのです。

「ありがとう」「すげぇ！」「スペシャルすげぇ‼」など、ポジティブな「評語」を日常的に使うことで、評価する側の上司や管理職も、社員一人ひとりに対する感謝の念を自覚するようになり、人材育成の意識が高まっていきます。

社内の雰囲気も、確実に明るく生産的に変わっていきます。

社員の意識を変え、評価制度を「人を育てる仕組み」に変革していくためには、日常的に使う「言葉」から変えていくというアプローチも重要なのです。

第3章

何が評価を決めるのか?

――どんな企業にも通用する指標「影響力」とは

すべてを決めているのは、「影響力」

「評価される人と評価されない人」「出世する人と出世しない人」「給与が上がる人と上がらない人」、その決定的な違いとは何だろう……？

さまざまな会社の人事業務にたずさわる中で見えてきたこと、それは、すべての評価を決めている絶対的な要素、それは、「影響力」ではないかということです。

そう、「評価される人」＝「影響力のある人」なのです。

私は、評価や給与というものは、その人の持っている「影響力」で決まると考えています。

影響力は、**「社会や会社に与えた価値の量＝売上」**と考えると、明確に数値化できます。

人事評価で最も重視される要素といえば、やはり成果＝売上です。売上は、会社や社会に提供した価値（商品やサービス）の量を示します。

ヒット商品を生み出せば、自社の業績が上がるのはもちろん、卸売業者、小売業者など、関連企業にもプラスの影響を与えるでしょう。

そのほか、プラスアルファの影響として、同僚にもいい刺激を与え、会社全体のモチベーションも向上させることが挙げられるでしょう。お客様やクライアントからさらなる信頼を得て会社のイメージアップを図れるという面でも貢献します。ときには消費者の生活や意識をも変化させ、経済を活性化させ、社会全体にも大きな影響を及ぼします。

つまり、売上が大きくなればなるほど、影響力も大きくなるのです。

端的な例を挙げるなら、故・スティーブ・ジョブズ氏（Appleの創業者）です。彼が生み出した画期的なイノベーションの数々、「Macintosh」「iPod」「iPhone」「iPad」は、Appleを世界的な企業へと飛躍させ、全世界に経済効果を与えました。そして私たちの生活を根底から変え、多大な影響を残しています。

この**「影響」こそ、言葉も文化も違う世界中の国々においても通用する、唯一の指標**だといってもいいでしょう。

ビル・ゲイツ氏（Microsoftの創業者）、マーク・ザッカーバーグ氏（Facebookの創業者）、ラリー・ペイジ氏（Googleの創業者）にしてもそうです。

彼らはそれぞれ、パーソナルコンピューター、ソーシャル・ネットワーキング・サービス、検索エンジンなどに新たな価値を加えることで、世界中の人々の生活に多大な影響を与え、巨額の利益を生み出しています。どんな仕事でも、会社や社会に、より大きな影響を与える価値の提供ができる人は、より高い評価を得られます。

実際問題、新人の一言と、社長の一言では、社員に与える影響力も、世の中に与える影響力も、その大きさが全然違います。

新人が失言をしても笑って許されますが、社長が公の場で失言してしまったら、大問題に発展し、経営が傾くこともあり得ます。だからこそ、大きな影響力を持つ責任のある立場になればなるほど、給与が高く設定されているのです。

ということはつまり、**高い評価を得るには、出世するには、そして年収を上げるには、自分の「影響力」を高めていくことを目標にするべきでしょう。**

そして、どの企業も求めているのは、そうした「影響力」のある人材なのです。

「影響力」は何で決まるのか？

影響力＝売上という考え方には、異論のある方もいるでしょう。

「会社の目的とは、売上を上げることだけなのか？」

管理職研修を行なうと、時折そんな質問を受けることもあります。確かに会社の目的は、売上を上げることだけではありません。

しかし、売上が上がらないということは、「価値あるものを世の中に提供できていない」ということでもあります。社会に対して何の影響も与えられない商品、あるいは会社では、存在する意味がありません。

個人の場合も同じではないでしょうか？　顧客に対してどれだけの価値を提供したか、提供した価値は、どれほどの影響力を発揮したのか。

常にそれを意識することが重要です。

影響力のある人は、会社からも評価され、給与も上がり、昇進していく。
影響力のない人は、会社からも評価されず、給与も上がらず、昇進できない。

売上＝提供した価値の量＝影響力の大きさ、と考えると、評価の指標としても、仕事をするうえでの目標としても、非常に明快になります。

もちろん、営業職や商品企画のように「売上」という明確な数字で個人の影響力が判断できる職種ばかりではありません。総務、経理、法務、あるいは人事など、その成果が数値では計りにくい職種もあります。実際、そういう職種の方々から、

「私たちの仕事は売上で成果が表せないから、会社から評価されにくいのです」

といった不満を聞くこともあります。

しかし、売上以外のことでも、数値で成果を表すことは可能です。たとえば、総務なら、オフィス移転やレイアウト変更、設備・備品の管理、内線管理などのファシリティマネジメントによって業務効率化や社員のモチベーションの向上につなげれば、「社員の満足度」のポイント数などによって、会社に与えた影響力を数値化することができます。

経理であれば、経費削減やコスト管理。法務であれば、契約書のチェックや現場からの問い合わせ対応にかかる日数を「中2日から中1日にする」といった目標を立てることで、個人の影響力を数値化し、「見える化」できます。

人事であれば、採用人数や採用した社員の評価そのものが、会社に与える影響力を具体的に示すことになります。

つまり、多くの会社の「目標管理制度」がそうであるように、個人の成果をある程度

まで「数値化」することは可能なのです。その数値が、会社に提供した価値の量であり、影響力ということになります。

自分が提供できる価値は何か、それはどんな影響力を発揮できるのか。

「数値としての具体的な目標」を持つことによって、仕事に対するモチベーションやスキルも知識も上がり、自分の評価を上げていくことになるのです。

昇給や昇進を手にする具体的ノウハウ

会社は常に変化や成長を求めています。現状維持はプラスの評価になりません。

これまで何度も繰り返し述べてきたことですが、「自分の影響力を高めていくことが昇給や昇進につながる」と考えると、理解しやすくなるのではないでしょうか。

新人（影響力＝０・５）………まだ仕事を教えてもらっている段階。

一人前（影響力＝１）……任された仕事を一人で遂行できるようになる。

チーフ（影響力＝５）……チームやメンバーを率いて目標達成する。

課長（影響力＝10）………計画立案や人材育成などのマネジメント能力が問われる。
部長（影響力＝30）………組織を任され、目標設定の大役を担う。
役員（影響力＝１００）………ビジョンや戦略を策定し、組織を運営する。

この数値はあくまで1つの目安にすぎませんが、実際、多くの人事制度もこのような影響力の発揮度合いを数値化したイメージでつくられています。

部下やメンバーの数、顧客の数、関係者の数、任されたミッションの予算によって、影響力は大きくなり、それに比例して等級も給与も高くなっていく。より大きな影響力を発揮していくことが、すなわち「成長」ということになるのです。

では、この影響力を高めて、成長していくにはどうしたらいいのか？

いくつかわかりやすい具体例を挙げて考えてみましょう。

たとえば、〝新人クラスのコンピテンシー〟の1つに、「ルール遵守」があります。会社の出社時間が9時半に決まっており、9時半に必ず出社していれば「ルール遵守」の評価基準が達成できているので、89ページで挙げた標準評価のA（ありがとう）でしょう。

■ 役職によって影響力は異なる

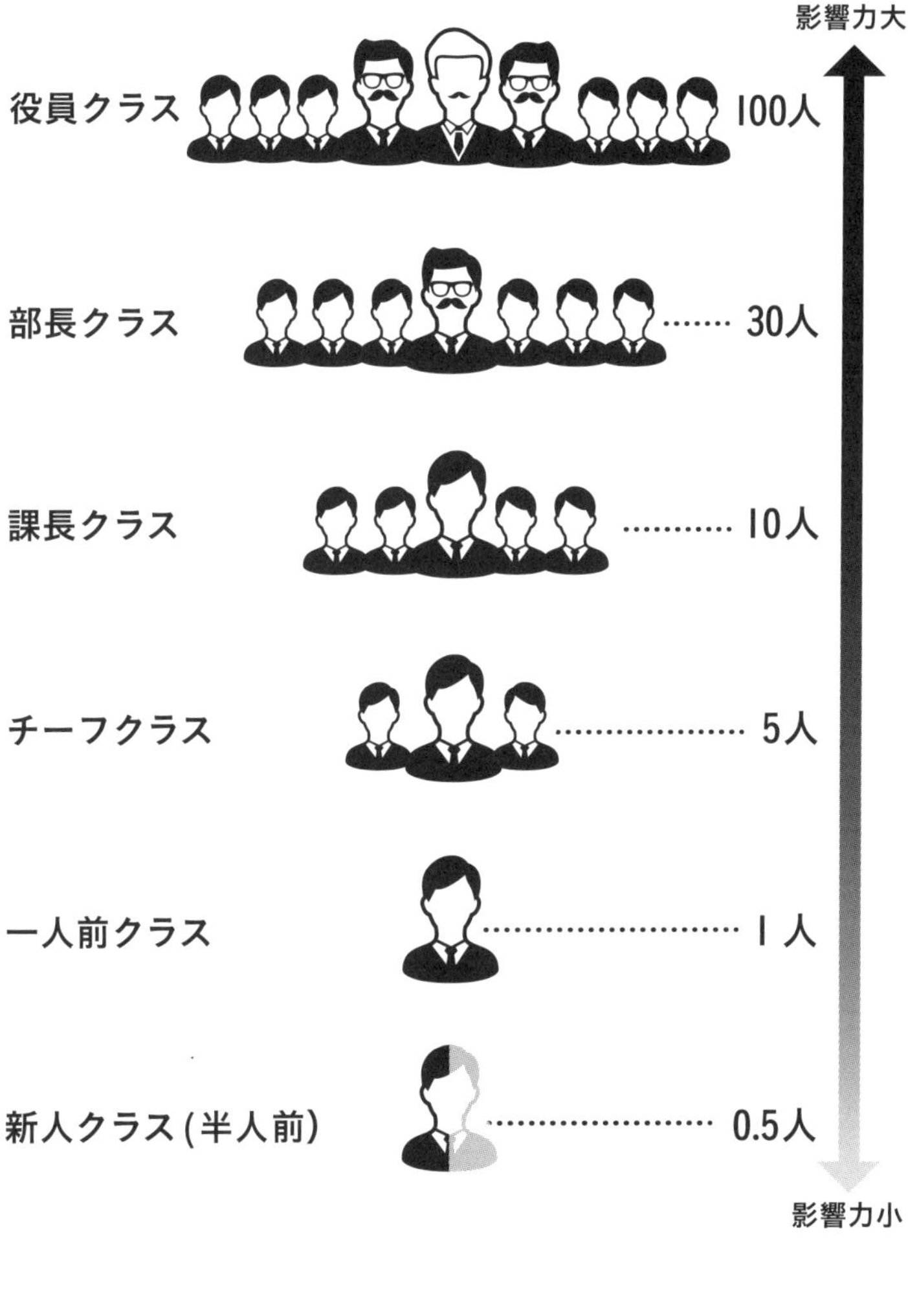

いつも遅刻していれば、評価Ｂ（挽回しましょう）、あるいは評価Ｃ（かなり挽回しましょう）になるはずです。

しかし、9時半より早く出社して部署内を掃除している。しかもその影響を受けて、みんなが早く出社して掃除するようになったら、評価はＳ（すげえ！）。

さらに、会社全体で朝の掃除をすることが習慣になったら、かなり大きな影響力を発揮したことになり、評価はＳＳ（スペシャルすげえ‼）になるでしょう。

つまり、ほかの人がやっていないことをやって、しかも周囲に与える影響力が大きくなればなるほど、評価が上がっていくわけです。

今の自分ができる「価値提供」は何か？

別の例でも考えてみましょう。たとえば、コールセンターの業務において。

お客様から「説明が丁寧ですごくわかりやすかった」と褒められた場合、会社に対して有益な影響力を発揮したことになります。

まだキャリアの浅い新人クラスなら、評価は最上級のＳＳ（スペシャルすげえ‼）でしょう。

新人の段階では、特に褒め言葉をもらえなくても、クレームやミスが2、3回あったとしても、標準評価のA（ありがとう）。もし、ミスやクレームがゼロであれば、S（すげえ！）に上がることもあるかもしれません。

しかし、昇級して一人前クラスになると、たとえお客様から同じように褒め言葉をもらったとしても、それは〝できて当然〟と判断され、標準評価のA（ありがとう）になるでしょう。

もしミスやクレームがあったのなら、評価は下がり、B（挽回しましょう）、あるいはC（かなり挽回しましょう）に降下するかもしれません。

等級が上がれば、当然、求められるレベルも、評価基準も上がるわけです。

一人前クラスに昇進した当初は、クレームがゼロなら「標準評価のA」であっても、現状維持のままでは評価は上がりません。年次が進むごとに評価が下がり、さらに後輩の新人クラス（＝もっと給与の安い人）から同じようにミスやクレームゼロの人が出てくると、「新人でも、あなたと同じ仕事ができるよね。あなたのほうがより給料が高いのだから、もっと大きな影響力を発揮してもらわないと困りますよ」と、より厳しい評価になってきてしまうわけです。

では、コールセンターの仕事でもっと評価を上げるためにはどうしたらいいのかというと、**自分ができる価値提供を増やしていくこと**です。

たとえば、マニュアルの精度をより上げる。新人育成のプログラムをつくる。接遇、気持ちのいい対応について後輩に教えるなど、新人クラスにはできない、さらにレベルの高いことをして影響力を発揮するのです。

それによって会社全体の業務効率が改善されれば、大きな影響力を発揮したことになり、評価はSやSSに上がるかもしれません。

さらに、「創造的能力」（＝問題解決に適した新たなアイデアを生み出し、企業活動に価値あるものとして具現化する力）や「目標達成」（＝組織やプロジェクトの目標を達成する）、「スペシャリティ」（＝業務に必要な専門知識や技術を有し、実際の業務にそれを活かす）などのコンピテンシーの予見が認められ、次のチーフクラスへの昇進もあるかもしれません。

つまり、第4章で紹介する「45のコンピテンシー」を達成していくことが、影響力を大きくするための具体的な成長モデルになるわけです。

現状の自分と「45のコンピテンシー」、つまり、普遍的な評価基準を照らし合わせて自己を評価し、「今、自分はどういうレベルなのか?」「何をやるべきなのか?」と考え、常に自分の現在位置を確認する。そして、次の目標を定め、実行していくことが大切です。それが自分の影響力を高め、上司にアピールしていく具体的な方法となります。

行動や考えをどれだけ「見える化」できるか

多くの人が人事評価に対して抱く不満の1つ、「こんなにやっているのに、正当に評価されていない」というのをなくすには、どうしたらいいのでしょうか。

上司も、部下の行動のすべてを把握できるわけではありません。

また、逆もしかり。

評価する側、される側の双方が、こうした自らの行動や考えを、より具体的に「見える化」していくことが必要です。そして、相手がわかってくれたと思うまで、相手の話をよく聞いて理解しようと努める「傾聴力」を高めていくことが、人事評価をより生産性の高いものにします。

《自分の行動を「見える化」するための基本的なルール》

・「わかってくれているはず・見てくれているはず」は、あり得ないと心得ること。いくら日常、近くで接していたとしても、評価者は部下のすべての業務の詳細までは把握できないものです。説明しないと理解されないという前提でアピールすることが必要です。

・良い点と悪い点、双方をきちんと理解し、認める。自分のアピールポイントばかりを主張し、悪い点を認めないと、かえって評価されにくくなるものです。「私には、この部分が不足している」と素直に認められる人間性が、信頼を勝ち取ります。

・評価シートは、読み手の読みやすさを重視してほど良い分量にまとめる。「今期もよく頑張った」などと一言でまとめてしまうほど簡潔すぎてもＮＧですし、紙面いっぱいに細かな文字をびっしり埋め尽くすのもＮＧです。何をどこまでやったのか？　どんな行動をしたのか？　客観的に簡潔に説明すること。要点を的確にまとめる能力も評価対象といえます。

・勉強をしている姿勢・成長意欲を具体的に説明する。成長するために、今期はどんな勉強をしたのか、今後どんな努力をするのかを明確に書きましょう。

・ただし、資格取得をアピールする際はストーリーが大切。せっかく資格を取得しても、本来の職務とあまり関係のない資格の場合、「そんなことにエネルギーを注ぐより、もっと本業を頑張ろうよ」「転職するつもりか？」などとマイナスに受け取られることもあるでしょう。「本業でより良い成果を出すために、この資格を取得した」という文脈があることが大切です。

・キャリアビジョンについて言及する。「1年後、3年後にはこうなりたい」という意志を示すことです。これにより将来のキャリア形成について、双方のマッチングにミスがなくなります。キャリアビジョンが見えなければ、「目指す人」でもいいでしょう（いなければ複数の人の「いいところ」を集めてもOKです）。その人と自分の差を埋めるにはどうしたらいいかを考えましょう。

・**業務改善・改革の提案をし、実行する。**今まで通りのことをしていては評価されません。会社は、常に成長を求めています。

・**「働く目的」を顧客目線にする。**食べるために働くという「生活型モチベーション」ではなく、お客様のためにどのような価値を提供していくのか、相手に喜んでもらえると嬉しいから働くといった「仕事型モチベーション」をアピールすること。

・**育児や介護などで時短勤務をしている人は、限られた時間内でどれだけ価値を出したかをアピールすること。**

・**疑問点や不満点は、ため込まずに、早い段階でしっかりすべてを伝えること。**上司に遠慮したり、察してくれているだろうと期待したりして、行動を起こさずにため込んではいけません。何もいわないでいれば、評価者は、〝あなたが今の状況、やり方、評価に満足している〟と見なすものです。「賛成意見」を伝えるときと同様に、「反対意見、不満に思うこと、疑問点」も、事実は事実として、あるいは問題提起という形で冷静に伝えることです。そのうえで業務改善の努力をしていけば、それは立派なアピールポイントにつながります。

その際に、解決のための提案もあれば、とてもいいと思います。

・「目標管理制度」が機能していない会社や、そういう制度がない会社で働いている人の場合は、自ら明確な評価基準を上司に提案し、コミットすること。

たとえば、「給与計算の日数が5営業日だったら評価A、4営業日だったら評価S、3営業日にできたら、評価SSにしていただけませんか?」という具合です。

そうしなければ、どんなにスキルや知識を高めて業務改善に成功しても、「発想がおかしい」「報告の仕方がおかしい」「アイツは調子がいい」といった、上司の曖昧かつ主観的な理由で、不当に低い評価をされてしまいます。それは、給与が上がらず、昇進も難しくなることを意味します。

「上司をマネジメントする」フォロワーシップの重要性

「対上司リーダーシップ」または「フォロワーシップ」と呼ばれる〝**部下による上司マネジメント**〟は、近年、多くの企業で注目されるようになっています。

ちなみに「フォロワー」とは、上司を補佐する人のことで、部下やチームメンバーを指します。フォロワーシップは、集団の目標達成に向けてフォロワーがリーダーを主体的に補助して行動することです。**フォロワーには、リーダーの指示に従って成果を上げるだけなく、自発的に意見を述べ、リーダーの誤りを修正することが期待されています。**

世界中から尊敬を集めるリーダーシップ研究の第一人者であり、フォロワーシップについても多くの調査を行なったアメリカの経営学者ウォレン・ベニス氏は、**「冷静さを保ち、疑問や不満、リーダーの間違いなどをリーダーに対して伝えていくことがフォロワーシップの根幹だ」**と語っています（『PRESIDENT』2008年12・29号／プレジデント社）。また、**組織が出す結果に対して、リーダーが及ぼす影響力は1〜2割。それに対して、フォロワーが及ぼす影響力は8〜9割にものぼる**ともいわれています。

フォロワー自身の実力や、集団の目的に対する達成意欲、リーダーとの信頼関係はもちろん必要ですが、フォロワーシップを有効に発揮できれば、会社や組織全体を改善する大きな影響力を発揮することになるでしょう。

組織のリーダーといっても、全知全能ではありません。自分の上司が、必ずしも適切なチームマネジメントを行なっているとは限らないのです。

近年は特に、成果主義の広がりとともに課長クラスのプレイングマネジャー化が顕著です。上司が自身に課せられた成果の達成に腐心するあまり、部下の育成や評価などのヒューマンマネジメントがおろそかになるケースが急増しています。

上司が必ずしも組織の中で〝良い影響力〟を発揮しているとは限りません。部下の人事評価に対して客観的な評価基準を持っているとも限りません。

部下から上司に、明確な評価基準をサジェスチョンすることは、自分自身のためだけでなく、組織全体にとっても有益な影響力を発揮します。

また、実はフォロワーシップは、部下やチームメンバーだけに求められるものではありません。**実際には、リーダーの立場にある人にも求められます。**課長クラスなら部長を、部長クラスなら役員を、役員クラスは社長を動かしていくことが大切です。自分よりも影響力のある人を動かすことは、自分の影響力を大きく高めることになります。フォロワーシップが自身や組織にとって必要だと感じたら、ぜひ実行に移してください。上司を動かすことは、とても重要な影響力の1つなのです。

影響力を高めるポイント① 社内外の人的ネットワークの構築

上を動かす影響力とともに、キャリアを重ねるごとに重要度を増していくのは、社内外の多くの人々を巻き込んでいく力です。

たとえば、正攻法でいっても直属の上司が通してくれない案件も、他部署のマネジャーや、自社に対して強い影響力を持つクライアントらに根回しをして、社内外からの意見として伝えたなら、あっさりと通るかもしれません。

社内外のキーパーソンとの人間関係を深め、その人を動かす方法論を持っていると、自身の影響力も飛躍的に大きくなります。理解者や協力者のネットワークを構築することは、自分だけの特別な武器になるのです。

〝部長クラスに求められるコンピテンシー〟の1つに「人的ネットワーキング」がありますが、もっと早い段階から社内外のキーパーソンとのつながりを深めて、その力を活用し、ほかの人には難しい困難な目標を達成していくことは、自分の影響力を高める一番の方法です。

影響力を高めるポイント② 「パートナー」「先生」になる

では、どのようにしてキーパーソンとの人間関係を築き、深めていけばいいのか？参考例を紹介しましょう。

たとえば、営業には、**「業者」「パートナー」「先生」**という、3つの役割があるといわれます。

営業とは、クライアントの抱える何らかの〝問題（ニーズ）〟に対して、商品やサービスを提供することで解決する職種です。この〝問題〟は、3つのタイプに分けられ、それぞれ別の解決策が求められます。そして、この解決策の内容の違いによって、営業マンに求められる役割を、「業者」「パートナー」「先生」と呼んでいるのです。

「業者」とは、クライアント自身が問題の解決方法を知っていて、何が必要なのかニーズが明らかになっている場合に必要とされる営業方法です。

求人広告の営業の事例でいえば、「経理担当が辞めてしまったので、求人広告を打って経験者を募集したい」という具合に、解決手段やほしい人材像が明確になっているケースです。クライアントとしては、同じ内容の広告なら掲載料が安いほうがいいわけですから、こういう場合には、他社との価格競争になります。車や家電の販売と同じように、広告営業でも値下げ幅は決まっています。クライアントと何か特別な信頼関係が結ばれていれば、価格だけが受注の決め手にはなりませんが、あまりにも価格の差がある場合は、残念な結果が待っています。

「パートナー」とは、クライアント自身が問題点はわかっているものの、それを解決する方法がわからない場合の営業方法です。

たとえば、クライアントが「人を採用したい。でもどんな方法があるかわからない」という問題を抱えている場合は、いろいろな選択肢を提示することが営業の役割になります。たとえばこうです。

「選択肢は3つあります。A案は求人広告の出稿、B案は人材紹介会社への依頼、C案は社員紹介制度の導入です。私は今後のことも考えると、コストと時間、採用できる確率の高さからA案がいいと思います」

このように相手の立場に立ち、まさに「パートナー」としていろいろな解決策を提示する。こういう営業スタイルは、企画営業、ソリューション営業とも呼ばれ、クライアントから厚い信頼を得られ、より深い関係が築けます。

では、「先生」はどんなときに必要とされるかというと、クライアント自身が何が問題なのかも、何を解決すればいいのかも、わかっていない場合です。

たとえば、「退職者が出て人手が足りないから採用をしたいが、いい人材が集まらない。どうしたらいいのか?」という場合。こういうときに、採用手段を提案するほか、「人を採用することも大切ですが、そもそも退職者を減らすことのほうが先決なのでは?」といった根本的な解決策の提案ができる人は、つまりコンサルティングをしていることになるので「先生」と呼ばれ、仕事の単価も高くなるのです。

営業職で成功するためには、「業者」の立場に留まらず、少なくとも「パートナー」の立場になることが必要だといわれます。さらに「先生」になれば、顧客との信頼関係が強固になり、将来的にはコンサルタントとして転職・独立・起業という別の将来も見えてきます。

もちろん営業職に限らず、どんな職種においても、社外のクライアントや関係者と、「業者」ではなく「パートナー」「先生」のような信頼関係を築いていくことが重要です。

影響力を高めるポイント③「あなたの頼みなら……」といわれる存在に

社外の人間と「パートナー」や「先生」のような深い関係性を築くことができると、何か自分が困ったときに相談に乗ってもらえるようになります。相手が自社に大きな影響力を持つキーパーソンであれば、このうえなく頼もしい味方になるでしょう。

自分が影響力を発揮するだけでなく、相手の影響力も自分の力として活用することができると、あなたの影響力は格段に大きくなるのです。

そのためには、自分の仕事とは直接関係のない職種の人々とも関係を築くことが大事です。網の目のように人的ネットワークを広げていくと、想像もしなかったような相互作用が生まれます。

人脈の構築には、異業種交流会やＳＮＳを活用して人間関係を広げていくのが一般的な方法として知られていますが、**大事なことは、できるだけ深い関係を築くこと。**

不特定多数の人とただ名刺を交換しただけの薄いつながりを築いても、あまり意味はありません。そんな浅いつながりよりも、趣味の集まりのほうがよほど有益でしょう。

ゴルフでもワインでも鉄道でも、何でも構いません。漫画『釣りバカ日誌』（やまさき十三作、北見けんいち画／小学館）の主人公、ハマちゃんのようになれたら理想的ではないでしょうか。趣味を通じて深めた人間関係が、仕事でも大きな影響力を発揮するケースは決して少なくないのです。


部長クラス以上では、社内外の人的ネットワークの構築は不可欠です。課長クラスでも、将来を見据え、社内外に多彩な人間関係を築いていく必要があります。

さまざまなジャンルの人々とつながり、社内外に、「○○さんにいわれたら仕方ない」「○○さんがいうなら間違いない」「○○さんのためならやってあげよう」と一肌脱いでくれる人を一人でも多くつくっていきましょう。必要なときに必要なことを聞ける専門家のネットワークを構築することは、自分の影響力を高め、ひいては、年収を高めることにもなります。

ホッチキスの針、どう捨てていますか？——マイナスの影響力について

ここまで影響力のプラスの面について語ってきましたが、すべての物事には光と闇があるように、マイナスの影響力というのも当然あります。

仕事をしない、仕事中に寝ている、不正をしている……などというものより、もっと微妙な日常レベルでの「困った人」についてお話ししておきましょう。いくら微妙でも、こうしたマイナスの影響力を発揮すれば、評価は下がります。

ある経営者から相談を受けた実話です。その会社では「ホッチキスぽいぽい事件」というのがあったそうです。

当時その会社には、30代の男性社員がいたのですが、彼は書類を留めるホッチキスの針を外したあと、いつもオフィスの床に投げ捨てていたというのです。

もちろん、あとで拾って掃除するわけではなく、誰かが掃除してくれるという甘えた気持ちがあったのか、あるいはそこまで考えが及ばなかったのか、当たり前のように床にぽい捨てしていたようです。

しかも、経営者がいないときにしていたので、経営者はその事実を彼が別の理由で退職したのちに知ったそうですが、その行動は同僚の女性スタッフたちにとって、とても大きなストレスになっていたというのです。彼女たちは「注意するほどのことでもないのかな?」「上司にチクるほどのことでもないか……」と悩み、ただ毎日イライラしていたそうです。

もし私がその上司だったら鉄槌(てっつい)を下していました。

「たかがホッチキスの針くらい……」

そう感じる人もいるかもしれませんが、その男性社員が取った行動は、30代にもなって「誠実な対応」「マナー意識」「ルール遵守」といった、20代前半の新人レベルの評価基準にも達していない、社会人として最低の非常識な行ないです。しかも、周囲の人々に多大なストレスを与え、マイナスの影響力を放っていたのです。

管理職研修や評価調整会議などでも、いろいろな会社のマネジャーから同様の相談をよく受けます。シュレッダーのゴミを自分で捨てない、コピー用紙の補充を自分でセットしない、あるいは、職場の人をバカにする、悪口をいう、男尊女卑的な態度を取る、上司にはゴマをするが部下には威張り散らす……。

社会経験の浅い新人ならまだしも、30代になっても新人レベルに満たない社会人失格な言動をしている人は、マイナスの影響力となって職場全体に害を及ぼします。

いくら気づかれないようにやっていても、職場の同僚や後輩たちは見ています。もしも自分に心当たりがあるなら、猛省が必要です。そして、〝新人クラスのコンピテンシー〟を見直し、態度を改めてください。

また、評価する立場の人たちも、自分の職場を注意深く観察してみてください。業務効率が低下していたり、メンバーのモチベーションが低下していたりしたら、マイナスの影響力を放っている人がいるのかもしれません。

たとえ注意しても、このような致命的な行動を取り続けるようであれば、たとえどんなに超優秀な人材でも将来はないでしょう。

たかがホッチキスの針、されどホッチキスの針。職場で不快な思いをしている人がいないか確認するのも、重要なヒューマンマネジメントの1つです。

自分の影響力をチェックする

自分の影響力の大きさをチェックしたいときは、評価基準と照らし合わせて、自分の行動や成果を振り返ってみましょう。

あなたの会社に明確な評価制度があり、ちゃんと運用されていれば、影響力を自己評価する指標になり、足りない部分は上司から指摘してもらえるはずです。

そうでない場合は、本書の第4章で公開する「45のコンピテンシー」を参考にしてみてください。影響力とは「提供した価値の量」ですから、求められている評価基準を達成しているなら、必要な影響力を十分に発揮できています。

もしも「NGな行動」に該当している場合は、それをヒントに、必要なスキルや知識を学習していくのです。そうすれば、自分のキャリアやポジションで求められている影響力を一つひとつ確実に獲得していくことができます。

「リーダーシップ」の評価基準を例に考えてみましょう。

新人クラスや一人前クラスでは、リーダーシップの第一歩として、「創造的態度（意欲）」が求められます。

何にでも興味を持ち、新しい考え方やアイデアを取り入れる。このコンピテンシーが達成できれば、今までにない新しい発想を受信できます。そして、そういう話が寄せられる、とても大事なプラスの影響力を獲得したことになります。

次のチーフクラス、課長クラスでは、新しいアイデアを提案するだけではなく、企業活動に価値あるものとして具現化したり、複数の事柄を結びつけて新しい価値を生み出したりする「創造的能力」が求められます。

新商品を生み出してヒットにすれば、会社に多くの利益をもたらし、社内で大きな影響力を持つ重要人物ということになるでしょう。

商品開発でなくても、仕事のやり方、進め方、仕組み化などにおいて、このコンピテンシーはとても価値があります。

部長クラスになると、組織改革や新規事業の創出など、会社や事業部全体で新たな価値を創造する「変革力」や「戦略策定」が必要になります。

伝統や慣習にしばられず、現状を打破する改革に成功すれば、先進的な改革者として、自社だけでなく社会全体に大きな影響を与える存在になるかもしれません。

役員クラスになれば、数年後の企業のあるべき姿を示す「ビジョン策定」が求められます。このビジョン策定や戦略策定によって3年後、5年後、あるいはもっと先まで大きな影響力を発揮することになるのです。

こうしてキャリアを重ねるごとに、より高いレベルの影響力が求められるようになりますが、これらを一つひとつクリアしていけば、あなたの個人としての市場価値はどんどん高まっていきます。今の会社でトップまで昇りつめるにせよ、いずれ転職したり起業したりするにせよ、それは素晴らしい財産になります。

そのために重要なのは、「気づき」を得る機会を増やすこと。今、自分は何ができていて、何ができていないのか。今後、何をすべきか。

これらを知るためには、「自分で気づくか」「人に気づかせてもらうか」2種類の方法しかありません。

自分で気づけないことは、人に気づかせてもらうしかありません。

だからこそ、明確な「評価基準」を知ることが必要なのです。

今、自分に求められているものは何か?

宮大工や料理人など、徒弟制度のある職人の世界では、明確な評価基準なんてなくても「何やってるんだ、お前!」と問答無用で怒られながら、至らない部分を教わって成長していくことができるでしょう。

しかし、多くの会社では、そういった人間的つながりを重視した上下関係ではなく、もっとドライで、ときに曖昧な判断で人事評価が下されます。

何も「気づき」を得られないまま、何年もすぎてしまい、取り返しのつかない段階になってから「あなたは社内の困った人だから、辞めてもらえませんか?」といわれてしまうのは、本当に不幸なことです。

「気づき」を得る機会さえあれば、人は自分でも信じられないほど成長したり、自覚していなかった未知なる能力を発揮したりできるものです。

今、自分に求められているものを「知っているか」「知らないか」。

それが人生の明暗を分けます。

自分に必要なものを知っていれば、適切な学習と努力によって、さまざまな影響力を獲得できます。知らなければ、学習のしようもなく、迷走していくだけ。

そうはならないように「これだけは必要！」という普遍的な評価基準を理解し、実践することが重要です。

そして、その基準がまさに「45のコンピテンシー」なのです。

多くの企業が社員に求めていること＝「評価基準」は、本当にどんな会社でもほとんど変わりません。たとえ「見える化」されていなくても、潜在的にある基準は一緒です。

第4章を参考に、多くの「気づき」を得る機会を増やしていってください。

「成功者に特徴的な行動」を知る

次章では、新人クラス・一人前クラス・チーフクラス・課長クラス・部長クラス・役員クラスという6段階にキャリアステップを設定した、それぞれの段階で求められる「45のコンピテンシー」を紹介していきます。

この45項目に分類したコンピテンシー、つまり「評価基準」は、活躍する人が特徴的に持つ行動や考え方でもあります。これを知ることで、今の自分に求められていることや足りないこと、次の課題が見えてきます。

ちなみに、多くの企業がこの「45のコンピテンシー」を導入することで業績をアップさせています。

ある企業は、２０１５年2月期には売上高が約10％増、営業利益20％増と2ケタ増収益を達成。そのうえ退職率が約20％から10％へと半分に減りました。

社員30名のあるセキュリティ会社は、新たな評価制度の導入によって業績が急激に伸び、今は株式上場の準備に入っています。

評価基準が明確になり、自分が何を求められているのかがわかると、社員は先の見えない不安から解放され、将来に向けて具体的な目標設定ができるようになります。だからこそ、エネルギーの集中が起こり、会社の業績も伸びるのです。

第4章

絶対的、評価基準「45のコンピテンシー」

――「評価に値する行動」を全公開

会社が「各クラスに求めていること」は何か？

人事評価の土台は普遍的であり、汎用的なものです。業界や職種、会社の規模にかかわらず、会社が社員に求めている評価基準の本質は共通しています。ビジネスで求められる成果を出すための「欠かせない行動」のことを、人事分野では「コンピテンシー」といいます。このコンピテンシーは、あらゆる企業に共通しているとされる評価基準（絶対基準）になり得るのです。

本章では、この普遍的で汎用的な絶対基準「45のコンピテンシー」（正式名称はB-CAV45（ビーキャヴ）《Business Core Action Value 45models》）をすべて紹介します。

この評価基準は、社員2000名の上場企業から社員3名のベンチャー企業まで、今、元気に成長している大小さまざまな会社で実際に導入・運用されているものです。

新人・一人前・チーフ・課長・部長・役員という6つの職位クラスのそれぞれに求められる行動や基本的なスキルは何か、OKな行動とNGな行動、獲得すべき行動は何か。会社が期待する人材像を明らかにすることで、各自が今やるべきこと、今後の目標が明確になります。ちなみに、等級制度の呼称は会社によって異なりますので、便宜上わかりやすい6クラスに分けましたが、呼称が違っても、昇級するに従って求められる行動は、どんな会社もほとんど変わりません。また、会社の特性によってクラスごとに求めるコンピテンシーが異なる場合もあります。たとえば「うちはもっと下のクラスから人的ネットワークを求める」などです。しかし基本的な考え方は共通といえます。

まずは、現在の自分のクラスに求められているコンピテンシーは何か、そして、今後必要となるのはどんな行動かを確認してください。現在の自分に求められていること、これから求められる行動が認識できれば、成長ステップの指標になるはずです。

ちなみに、現在「課長」であっても、〝課長クラスに求められるコンピテンシー〟だけを達成すれば評価されるわけではありません。当然、その前段階である〝新人クラス、一人前クラス、チーフクラスのコンピテンシー〟も求められます。自己確認の意味でも、コンピテンシー01から順を追ってチェックしていきましょう。

評価する側の人たちも、ぜひこれを人事評価の参考にしてください。社員が自ら、長所や短所に気づき課題を克服するツールとして使うことで、自然と社員が成長していく会社に変わっていきます。

課長	部長	役員

-01

応

るに値する人間か?

相手から信頼される対応が
る人は、誰に対しても分け
など人を不快にさせる言動
うとし、相手が気持ち良く
を忘れません。周囲の人々
謝の意を表し、お礼をいい、
です。

ない

スや不快感を与える
めない
謝しない。陰口をいう

いませんか。自分の責任でミス
い訳をせずに正直に誤りを認

は素直に謝りましょう。そのほ
することや謝ることは決して
必ず実行すること。実行でき
伝えましょう。

【カテゴリ】

B-CAV45では、45項目のコンピテンシーを、8つの分野(エネルギー・姿勢・志向・ヒューマンスキル・意思決定・人材活用・マネジメント・リーダーシップ)に分類。たとえば、課長・部長・役員と社内でのポジションが高くなるにつれて、人材活用・マネジメント・リーダーシップといった「周囲を巻き込む力」が求められるようになっていきます。カテゴリ別にまとめた巻末の一覧表もチェックしてみましょう。

【NGな行動】

そのコンピテンシーにおける「評価されない行動」「してはならない行動」の代表例。これらに該当する行動をしている場合は、低い評価をされる可能性が高いでしょう。

【推奨行動】

そのコンピテンシーを達成するために必要な行動や学ぶべきこと、今後の課題にしたい行動などのアドバイスです。具体的な行動目標を明確にすれば、成長は加速します。

B-CAV（Business Core Action Value）

「45のコンピテンシー」の見方

【クラス】

コンピテンシーに該当する等級クラス。等級や職位の名称・定義は会社ごとに異なりますが、どの会社のキャリアステップも基本はほぼ一緒です。該当する自分のクラス（等級や職位）と照らし合わせてチェックしましょう。会社によっては、「一人前」と「チーフ」など、別のクラスであっても、必要とされるコンピテンシーが共通している場合もあります。

【OKな行動】

そのコンピテンシーにおける「評価される行動」の代表例。これらの行動が達成できていれば、高い評価を受けることができるでしょう。

【チェックポイント】

そのコンピテンシーが発揮できているかどうかのチェックポイント。会社が求めている評価基準となる行動は、1つではありません。自分自身でチェックしてみましょう。

クラス　新人　一人前

カテゴリ：姿勢　コンピ

誠

長くつき合える人間

周囲の人間に対して誠実できることです。誠実な対隔てなく接し、嘘やごまかは慎みます。人の気持ちをいられるように、常に他者に対して礼節をわきまえてミスをしたら素直に謝るこ

OKな行動

□謙虚に振る舞う。人にストレ
□素直に反省する。謝り、改め
□感謝をする。お礼をいう

NG な行動

□尊大な態度を取る。人に対し
□謝らない。反省しない。自分
□してもらって当然と思ってい

チェックポイント

相手によって態度を変えたを起こしたときに嘘やごまかめていますか。

推奨行動

謝ることを恐れず、ミスしうが問題は小さくすみます。後回しにしないこと。いったないときには、あらかじめ

カテゴリ：姿勢　　コンピテンシー01

誠実な対応

長くつき合える人間か、育てるに値する人間か

周囲の人間に対して誠実に接し、相手から信頼される対応ができることです。誠実な対応ができる人は、誰に対しても分け隔てなく接し、嘘やごまかし、陰口など人を不快にさせる言動は慎(つつし)みます。人の気持ちを理解しようとし、相手が気持ち良くいられるように、常に他者への配慮を忘れません。周囲の人々に対して礼節をわきまえて素直に感謝の意を表し、お礼をいい、ミスをしたら素直に謝ることも大切です。

OKな行動

□謙虚に振る舞う。人にストレスを与えない
□素直に反省する。謝り、改める
□感謝をする。お礼をいう

NGな行動

□尊大な態度を取る。人に対してストレスや不快感を与える
□謝らない。反省しない。自分の非を認めない
□してもらって当然と思っている。人に感謝しない。陰口をいう

チェックポイント

相手によって態度を変えたりしていませんか。自分の責任でミスを起こしたときに嘘やごまかし、言い訳をせずに正直に誤りを認めていますか。

推奨行動

謝ることを恐れず、ミスしたときは素直に謝りましょう。そのほうが問題は小さくすみます。お礼をすることや謝ることは決して後回しにしないこと。いったことは必ず実行すること。実行できないときには、あらかじめその旨を伝えましょう。

カテゴリ：姿勢　　コンピテンシー 02

ルール遵守

ビジネスパートナーとしての信用を得るための第一歩

ルールや規則、約束や期限を守ることです。ルール遵守ができる人は、決められた規則や期限をしっかり認識し、確実に守り、周囲から信頼されています。自分自身が規律や期限を守ることはもちろん、他者にもその遵守を求め、もしルール違反があった場合は、他者に対して適切に指摘し改善を促します。ルール自体に問題点がある場合は、ルール違反を見逃すのでなく、自ら改善策を提案することが大事です。

OKな行動

□約束・期限・時間を守る。信頼されている
□ルール・規則を守る。不正をしない、させない
□引き受けた仕事は最後までやり抜く

NG な行動

□約束・期限・時間を守らない。信頼されていない
□ルール・規則を守らない。不正をしている
□引き受けた仕事を途中で投げ出す

チェックポイント

約束や期限を破ったり忘れたりしたことはありませんか。不正やごまかしをしたことはありませんか。あるいは見逃したことはありませんか。

推奨行動

その環境におけるルールや規則を理解し、必ず守りましょう。約束を守れない場合は、できるだけ早く伝えて謝ることが大切です。他者のルール違反があった場合は見逃さずに指摘し、できない場合はしかるべき上司などに相談しましょう。

カテゴリ：姿勢　　コンピテンシー 03

マナー意識

いい人間関係を構築していく基礎があるか

初対面の相手にも好感を得られる、社会人としての基本的なマナー意識を持っていることです。マナー意識の強い人は、ビジネスにおいてのマナーを理解し実践しており、礼儀正しい立ち居振る舞い、清潔な身だしなみ、安心感を与える笑顔、きちんとした言葉遣いなど、相手に不快感を与えない清潔さ、表情、距離感などを適切に身につけています。挨拶、受け答え、電話応対等の基本的なスキルの獲得も必須です。

OKな行動

□社会人としてのマナーを身につけ、実践している
□清潔感があり、明るく、好印象を与える
□笑顔を絶やさず、安心感を与える

NG な行動

□基本的マナーを身につけておらず、相手に不快感を与える
□不潔で、相手を寄せつけない雰囲気を持つ
□無愛想で取っつきにくい、警戒心を持たれる

チェックポイント

清潔な身だしなみをしていますか。敬語・謙譲語を適切に使っていますか。公共の場や知らない人がいる場所での電話応対など、ルールに従った行動をしていますか。

推奨行動

社会人としての基本的マナー、服装について理解し、実践しましょう。相手に不快感を与えない外見や言動を強く意識することが大切です。マナーがしっかりできている人をよく観察し、自分にないものがあればリストアップしましょう。

カテゴリ：ヒューマンスキル　コンピテンシー 04

チームワーク

チームで仕事をしていくための基本

メンバーと協調し、他者に積極的に協力します。困っている人がいれば助け、チームの方針を理解して働くことです。チーム内の自分の役割を把握し、責任を持ってその役割を果たす。自分が得た情報を適切にチームに提供する姿勢や、チームメンバーそれぞれの特徴を理解し、自分の意見が異なっていても、チームが決めたことに対して協力することも大切です。

OKな行動

☐周囲に積極的に協力し、困っている人を助ける
☐人の意見を受け入れ、協調している
☐自分が得た情報をチームメンバーに適宜伝える

NGな行動

☐周囲に協力せず、他者を助けない
☐人の意見を受け入れない、協調しない、わがまま
☐情報を囲い込み、他者に有益な情報を与えない

チェックポイント

自分の仕事が終わっても、まだ仕事が残っている人に「手伝いましょうか」と声をかけていますか。チームを殺伐（さつばつ）とさせたり、メンバーを不快にさせたりしていませんか。

推奨行動

自分の守備範囲は必ずやり遂げる。ただし、できない・間に合わない場合は早めに周囲に助けを求めましょう。チームで仕事をする際の自分の強みと弱みを周囲に聞き、それが自分の思っていたものと違うときは、メンバーと話し合いましょう。

カテゴリ：ヒューマンスキル　コンピテンシー05

共感力

人の気持ちを察する力は、顧客ニーズを感じる力となる

共感力とは、他者の気持ちを推し量り、気にかけ、尊重することです。人の意見を聞き流さず、違う立場や意見を持つ人を受容する。相手が気にかけてもらっていると実感できる言動を常に心掛ける。相手から「この人は自分のことを気にしてくれている」と思ってもらえる状態になれば、いろいろな人が安心して近づいてくるようになり、信頼できる相談相手として多くの人から認められます。

OKな行動

□ほかの人の気持ちを常におもんぱかっている
□他者の異変に気づく
□相手を受け止め、安心できる存在である

NGな行動

□他の人の気持ちを気にかけない
□他者の異変に気づかない
□相手を受け入れない。拒絶する。批判する

チェックポイント

相談を持ちかけられることは多いですか。相手の話を聞くことに多くの時間を割いていますか。相手の話を途中で遮(さえぎ)らず、最後まで聞いて理解を示していますか。

推奨行動

相手の話を言い換えて、理解していることを示すなどのコミュニケーション術を獲得しましょう。異なる意見をいうときは、まず相手がいうことへの理解を示し、相手が「自分が理解された」と思えるタイミングになってから話しましょう。

カテゴリ：ヒューマンスキル コンピテンシー06

伝達力

「報・連・相」のすべてがプレゼン力の基礎になる

自分が伝えたいことを、わかりやすく相手に伝える力です。口頭で表現するときにも、ビジネス文書やメールで伝える際にも、要点をしっかりまとめて的確な伝え方をする。客観的な事実と主観的な意見を分ける、結論から先に述べ、そのあとに理由を伝える、とりとめのない長い文章にしない、回りくどい形容詞を多用しないなど、相手を混乱させないように、簡潔かつ的確に伝える工夫や配慮が必要です。

OKな行動

□わかりやすい言葉で簡潔に話す
□要点をまとめ、読みやすい的確な文章をつくる
□文書に頼りすぎず、口頭でも伝えるなど、場にふさわしい伝達方法を取る

NGな行動

□混乱したメッセージを発する、何をいっているのかわからない
□要点がまとめられておらず、読みにくい文章をつくっている
□TPOを考えず、報告や連絡をすべて文書（メール）だけですまそうとする

チェックポイント

あなたの文章は簡潔にまとまっていますか。もっと短くなりませんか。結論がきちんと述べられていますか。あなたの真意は伝わっていますか。

推奨行動

新卒入社時のマナー研修などで教わった社会人としての基本を復習し、ビジネス文書の作成方法やコミュニケーション能力を向上させましょう。「報・連・相」（報告・連絡・相談）を徹底し、良くない情報も速やかに報告することが大切です。

カテゴリ：エネルギー　コンピテンシー07

継続力

プロジェクト成功のために必要不可欠な素質

逆境や困難があっても、負けずに仕事に取り組み続ける力です。やると決めたことは最後まで取り組み、単調なことでもコツコツ努力を継続する。継続力とは、下積み時代を耐え抜く力のことも指します。不遇な時期や厳しい場面があっても、決して投げ出すことなく、一人前を目指す。たとえその成果がすぐに人から評価されなくても、頑張り続けることができるエネルギーの発露が継続力です。

OKな行動

□やると決めたことは、あきらめずに最後まで取り組み続ける
□単調なことでもコツコツと続ける
□困難な課題にぶつかっても、乗り越えるための努力をし続ける

NGな行動

□1つのことが長続きしない。中途半端で投げ出してしまう
□すぐに目に見える成果が出ないと嫌になる
□困難な課題にぶつかると、それを回避しようとする

チェックポイント

たとえすぐには報われないとわかっていても、地道な努力を続けることができますか。下積みという辛い時代を乗り越える将来の夢を持っていますか。

推奨行動

新人料理人の皿洗いのように、どんな職業にも下積み時代があります。誰もがそういう時期を経て一人前になることを理解し、心に刻みましょう。たとえ単調で退屈な仕事に思えても、工夫の余地や改善できる点があるはずという見方で取り組みましょう。

カテゴリ：リーダーシップ　コンピテンシー08

創造的態度（意欲）

新しいことを受け入れて挑戦しているか

創造的態度（意欲）とは、どんなことにも広く興味を持ち、好奇心を持って物事をとらえることです。人の出した新しいアイデアや発想を否定せずに積極的に受け入れ、発展させようとします。常に物事の本質に迫ろうとする意欲が求められます。今の自分に満足せず、人からのアドバイスを受け入れる柔軟性、現状がより良くなる方法を常に模索する向上心も大切です。

OKな行動

□何にでも興味を持ち、本質を探ろうとする
□新しい考え方やアイデアを前向きに受け入れ、発展させる
□自分の能力を高めていくことに強い関心を持っている

NGな行動

□興味の幅が狭く、考えることが表層的
□新しい考え方やアイデアに関心を示さない、否定する
□現状に甘んじて、向上心に欠ける

チェックポイント

物事をポジティブに見ていますか。人のアイデアをバカにしたりせず、その具現性を一緒に考えていますか。その道の専門家の知識や経験を吸収していますか。

推奨行動

自分の成長のためにも、人の良い面を積極的に評価して褒める習慣を身につけましょう。自分とは違う分野の人や、異なる価値観を持つ人と交流を図り、その人の発想や経験・キャリアについて良い面を吸収しましょう。

カテゴリ：意思決定　コンピテンシー09

情報収集

的確な判断をするには、情報を広く収集することが重要

必要な情報を多方面から入手し、いろいろな人の意見を聞き、多くの情報ソースから得たものをまとめ、客観的に事実をとらえられる力です。情報収集を行なううえで重要なのは、収集した情報を一面的にとらえず、多面的にとらえようとすること。そして必要な情報が何かを知ったうえで、不要な情報と区別することです。偏った判断をしないためには、幅広い有益で十分な情報源を持っていることが必要になります。

OKな行動

□多面的に情報を収集し、客観的にとらえる
□情報の正確さを検証している
□必要な情報を必要な人や機関から適切に得ている

NGな行動

□偏った情報のみを集め、主観だけで判断する
□検証しないで情報を鵜呑み（うの）にする
□必要な情報を得られるソースを持っていない

チェックポイント

その情報は一面的ではありませんか。事実と意見、示唆が区別されていますか。自分の感情によって事実を曲げて見ることがないように注意していますか。

推奨行動

同じ分野の複数の専門家との人脈を持つなど、幅広い情報収集ができる人的ネットワークを持ちましょう。集めた情報は、事実なのか意見なのか示唆なのか、過去・現在・未来のものなのか判断し、区別して書き留める習慣を身につけましょう。

カテゴリ：姿勢　　コンピテンシー 10

成長意欲・学習意欲

常に進化し続けられる人間か

成長意欲や学習意欲のある人は、自身のキャリアにおける目標をできるだけ明確に持ち、そこに向かって自らの能力を伸ばそうと努力します。好奇心を持って自ら能動的に学習し、能力を高めるために経験値の蓄積への努力を怠りません。必要な経験を得ようと、それができる場に自身の身を置こうとします。キャリアや能力の獲得のために、常に他者からのアドバイスを求めて成長していくのです。

OKな行動

□自身の明確なキャリア上の目標を持っている
□自身を高めるために勉強を怠らない。現状に満足しない
□失敗から学ぶ。失敗を反省し、次に活かす

NGな行動

□キャリア目標がない、曖昧。目標が場当たり的
□勉強していない。勉強しなくてもいい、自分はできると思っている
□失敗を活かさない、振り返らない。反省しない

チェックポイント

キャリア上の目標となるモデルはいますか。そのモデルと自分との違いは明確になっていますか。成長のために他者からの助言を積極的に求めていますか。

推奨行動

目標が見出せないときは「絶対にしたくないこと、なりたくないもの」を書き出し、そこから目標とすべきものをあぶり出しましょう。獲得すべき職務行動モデル（知識・技能・スキルなど）別に、それぞれに対しての能力獲得計画を練りましょう。

カテゴリ：ヒューマンスキル　コンピテンシー 11

状況把握・自己客観視

機を見て適切な行動を取れるか

状況把握・自己客観視とは、自分自身やチームが今どういう状況にあるかを客観的にとらえられることです。また、自分の長所や短所を客観的にとらえ、批判を受け入れる強さを持っていることを指します。場の雰囲気を良くしようと動くべきときは動き、動くべきでないときは動かない洞察力が必要です。自分の弱い点を人に示すことをためらわず、失敗談や自分の間違いを周囲に話せる強さも評価の基準になります。

OKな行動

□自身および部署やチームが置かれている状況を客観的にとらえている
□場の雰囲気を察し、適切な言動を取る
□受容と主張のバランスが取れており、相手の反応を観察している

NGな行動

□状況を客観的にとらえることができず、主観的な理解に留まっている
□場の雰囲気を察しない、空気が読めない
□相手の反応を見極められない言動を取り続け、受け入れない

チェックポイント

場の雰囲気を読み、常に相手の感情に気を配っていますか。相手が求めていることを把握できていますか。自分の良い面と悪い面を客観的にとらえていますか。

推奨行動

周りをよく観察し、人の表情や言動に注意深くなりましょう。自分の長所と短所を同じ数だけ、できる限り多く書き出してみましょう。自分の問題点に対する周囲の指摘も受け入れ、指摘してくれた人に対して感謝を伝えることも大切です。

カテゴリ：ヒューマンスキル　コンピテンシー 12

企画提案力

より効果的に企画を提案できるか

「伝達力」をより強固に効果的に、企画としてまとめる力です。文章だけでは伝えられない、あるいは複雑な事柄を、図解化し、説明します。そしてよりわかりやすい提案書・企画書にまとめていきます。パワーポイントやエクセルなどを使って数値をグラフ化したり、関係性を図解するなど、視覚的な資料作成を行ないます。どんな仕事でもより良くするための提案は必要です。多く案出することが大切です。

OKな行動

□企画・提案を多く、効果的に行なう
□文章だけでなく、プレゼン用のソフトなどを用いて効果的に図解化して伝える
□理解しやすく説得力のある提案書・企画書をつくる

NGな行動

□企画・提案をしない。自分の仕事ではないと思っている
□文章だけで伝えようとする。わかりにくい
□説得力のある提案書・企画書をつくれない。図や表が描けない

チェックポイント

提案をより多くしていますか。提案する際に、数値をグラフ化したり、関係性を図解化したりする、視覚的な資料を作成していますか。ミーティングの際などに、ホワイトボードなどを効果的に用いていますか。

推奨行動

仕事をより良くするために、どのようなことが必要か、常に考え、書き出しましょう。そしてそれを伝えるときに、できるだけ図解化するようにしましょう。常に物事を図解にする、表にまとめるなどの習慣をつけましょう。パワーポイント、エクセルの基本的なスキルは身につけるようにしましょう。

カテゴリ：志向　　コンピテンシー13

クォリティ

日々の品質向上を目指す姿勢が大事故を防ぐ

仕事の品質にこだわり、品質向上のための努力を惜しまず、ミスや品質低下が起こらない仕組みをつくることです。成果物について二重三重のチェックを行ない、ケアレスミスを防ぎます。自分に対しても周囲に対しても、品質向上について厳しく働きかけ、現状維持ではない改善を繰り返していきます。品質やサービスに関するクレームについては、すぐに上司に報告し、迅速な対応で解決することが求められます。

OKな行動

□ミスが起こらない仕組みをつくり、常にチェックを怠らない
□自分や周囲に対して高い質的水準を求める
□より良い品質と効率を得るために、さまざまな工夫を行なう

NGな行動

□ミスを防ぐ仕組みをつくらない。チェックしないでミスをする
□品質にこだわらない。向上を求めない
□現状を改善する工夫をしない。効率を考慮しない

チェックポイント

仕事の計画に、あらかじめチェックや確認をする時間を盛り込んでいますか。ミスが起こる原因を突き止め、同じ間違いを繰り返さない仕組みにしていますか。

推奨行動

チームミーティングなどで品質改善やミス撲滅(ぼくめつ)について全員で検討し、その計画を実施しましょう。起こったミス、ミスが起こりそうになった現象については、すべて書き留めておき、重大事故につながらないよう、未然に手を打ちましょう。

カテゴリ：姿勢　　コンピテンシー 14

主体的な行動

自ら考えて、動きをつくれるか

主体的な行動ができる人とは、機会をとらえ「チャンスだ！」と思ったときにためらわずに行動できる人です。人からの指示を待つことなく、今何が必要かを常に考え、どこをどうすべきか自ら判断し、やるべきと思ったことを自分の考えで実行します。それによって周囲を引っ張り、チームとしての動きをつくっていきます。上司から声をかけられるのを待つことなく、自ら提案し、確認し、行動するのです。

OKな行動

□自ら考えて、主体的に行動を起こす
□指示を待たずに「こうしたいのですが、いいですか」と上司や周囲に確認を取る
□人が嫌がる仕事、自身の担当外のことでも積極的に引き受ける

NG な行動

□自ら考えない。常に受動的で行動を起こさない
□指示を待つ。「どうしましょう?」と上司や周囲に尋ね、自分の考えがない
□担当外の仕事を避ける。仕事を受けない。やりたがらない

チェックポイント

イニシアティブを取ることや、集団の先頭を切って走ることは好きですか。走ろうとしていますか。周囲に対して手本となるような行動をしていますか。

推奨行動

上司に対しては「どうしましょう？」とはいわず、必ず「こうしたいのですが、いいですか？」と自ら問いかけて能動的に行動しましょう。受動的な人は、主体的に行動している人をよく見て、話を聞き、自分との違いを認識しましょう。

カテゴリ：エネルギー　コンピテンシー15

タフさ

ハードワークをやり遂げる心身の強さはあるか

タフさとは、エネルギーの総量のことです。タフな人は、集中力を持って長時間仕事を続けられるエネルギーを持っています。ハードワークでも自ら進んで引き受け、最後までやり抜き、途中でへこたれることがありません。タフさを発揮するためには、適切な期限や目標の設定、オンとオフの切り替え、仲間と励まし合うなど、自分自身を上手にコントロールする術(すべ)を身につける必要があります。

OKな行動

□集中力を維持し、必要なときに長時間でも熱心に仕事に取り組む
□熱意を示し、頑張り続ける
□逆境や障害があっても、立ち向かって対処する

NGな行動

□集中力が持続せず、すぐに休もう、サボろうとする
□熱意がない。やる気が見られない。頑張れない
□できない言い訳をする。困難があるとすぐにあきらめる

チェックポイント

集中力を長時間維持するための自己管理はできていますか。自分に限界が訪れるときの予兆や体の変化をきちんと把握していますか。

推奨行動

長時間熱心に働くタフさは重要ですが、気力や体力には限界があります。どこまで頑張るかの期限を決める、休日はしっかり休む、最終的な大目標だけでなく、そこに至るまでの短期的な目標をつくるなど、集中力を持続させる方法を工夫しましょう。

カテゴリ：エネルギー　コンピテンシー16

ストレスコントロール

最悪の状況を乗り切る底力はあるか

ストレスコントロールができる人は、緊張感の強い場面でもパニックに陥らず、プレッシャーとうまくつき合いながら成果を出します。パニックは準備不足から起こるので、最悪の状況を想定し、それを防ぐための十分な事前準備が必要です。ストレスは、仕事の量や求められる質、人間関係、指示命令の矛盾や不合理さなどから発生します。自分はどのストレスに弱いかを理解し、対応策を講じましょう。

OKな行動

□プレッシャーに強く、批判やクレームにも常に冷静に対処できる
□ストレスがあっても安定したアウトプットができる
□自身のストレスの兆候を理解し、適切に対処する

NGな行動

□緊張感に弱く、平静さを失う。パニックを起こす
□ストレスがあると仕事に激しく影響する
□ストレスに弱い自覚がなく、無理をしすぎて潰れてしまう

チェックポイント

失敗を極度に怖がり、いざというときにあがってしまい、普段通りできないことはありませんか。感情の波が激しくて自分自身を制御できないときはありませんか。

推奨行動

自分のストレス兆候（不眠・胃痛など）を理解し、その兆候が出た際は仕事のペースを落とすなど適切に対処しましょう。周囲に助けを求めたり、趣味を楽しんだりすることでストレス発散の機会をつくり、ストレスと上手につき合う方法も見つけましょう。

カテゴリ：姿勢　　コンピテンシー 17

柔軟な対応

想定外のことには機転を利かせて対処！

柔軟性のある人は、環境の変化や相手の要望の変化に適切に、かつ前向きに対応していくことができます。想定外の事態にも臨機応変に立ち回ります。さまざまな変化を喜んで受け入れ、今あるものを失ったとしても新しい世界に飛び込むことを厭(いと)いません。新しいアイデアや考え方に積極的に理解を示し、流行にも敏感で、さまざまな新製品や新サービスを試して、自分の仕事に取り入れようとします。

OKな行動

□時代や環境の変化に対して、前向きに適応できる
□他者の意見を受け入れ、自分の考えや行動を変化させる
□新しい考え方を積極的に歓迎し、受け入れる

NGな行動

□変化に適応できない。自分の領域を広げようとしない
□他者の意見を聞かない。自分の経験や考え方の殻(から)から出ようとしない
□新しい考え方を受け入れない。拒絶する、融通が利かない

チェックポイント

他人から柔軟性があるといわれたことがありますか。自分とは異なる価値観や考え方に興味を持つことはできますか。新しい環境に身を置こうと思いますか。

推奨行動

新商品や新サービスを常にチェックし、自分の興味の対象外のものでも積極的に試してみましょう。幅広いジャンルの本や映画に触れたり、普段はいかないお店に寄ってみたり、未知の刺激を数多く受けることで視野を広げていきましょう。

カテゴリ：志向　　コンピテンシー 18

カスタマー

顧客が真に求めるサービスを理解しているか

マーケットが求めるものを理解し、常に顧客が満足を覚えるものを提供しようとすることです。満足度を向上させるべく、顧客が支払った金額以上の商品やサービスを提供するために努力する。商品を売ったあとも、適切なアフターフォローを行ない、リピーターの獲得を目指す。顧客からの要望やクレーム、不満にも誠実で迅速な対応を心掛け、ピンチをチャンスに変えるような発想や行動が求められます。

OKな行動

□顧客の満足を常に考え、期待以上のものを提供しようとしている
□顧客のことをよく知っている。知るための仕組みをつくる
□適切なアフターフォローを行ない、紹介やリピートを獲得する

NG な行動

□顧客の期待や要望に応えていない。がっかりされる
□顧客が求めるものを理解していない。知るための努力もしていない
□クレームが多く、顧客が離れる。悪い評判を立てられる

チェックポイント

自社の商品やサービス、アフターフォローについて、顧客の意見や声を集めるようにしていますか。顧客の不満やクレームについて常に気を配っていますか。

推奨行動

アンケートや直接のヒアリングで顧客の満足度を確認し、真にお客様のためになることは何かを追求しましょう。他社のサービスや商品、店舗で自分が満足したこと、不満や不快に思ったこともリスト化して、自社の参考にしましょう。

カテゴリ：志向　　コンピテンシー 19

スペシャリティ

専門知識があるか？　専門バカになっていないか

スペシャリティがある人とは、必要な専門知識や技術を有し、実際の業務でそれを活かしている人です。自らの専門性をブラッシュアップし、新しい情報や知識、経済動向などもチェックし、自身の専門性が陳腐化しないように常に努力する必要があります。専門外の人にも自分の専門知識をわかりやすく伝え、ほかの専門家と連携するなど、狭い範囲に限定されない新たな価値の提供が求められます。

OKな行動

□特定の分野の専門家として周囲から認識され仕事に活かしている
□専門外の人にも、専門的なことをわかりやすく説明する
□応用が利(き)く専門性を有し、問題を解決する

NGな行動

□専門知識や技術が不十分で周囲の信頼を得られない
□専門バカになっていて、専門外に展開できない
□自分の専門性にこだわりすぎて応用が利かない、もっともらしいだけである

チェックポイント

あなたは何かの専門家ですか。人に負けない分野はありますか。社内である領域の専門家として認識されていますか。自分の専門性を高める努力をしていますか。

推奨行動

自分の専門領域が明確になっていない人は、自分は何のスペシャリティを発揮したいのか、その目標を定めましょう。自分の専門性は３年後、５年後、10年後にどのように活用できるかを考え、必要な知識や技術を獲得する計画を立てましょう。

カテゴリ：ヒューマンスキル コンピテンシー20

異文化コミュニケーション

価値観の違う人とも仕事ができるか

異文化コミュニケーションとは、異業種・他職種の異なる価値観を持つ人や、文化や価値観、言語の異なる人とも対話し、理解し、共感し、関係を深めることです。業界や職種、国や地域による宗教・食生活・イデオロギーの違いなど、文化的背景が異なる人のことも理解しようと努めます。そして自身の価値観や文化・慣習なども相手に理解してもらったうえで良好な関係を築き、円滑に仕事を進めることが求められます。

OKな行動

□業界・職種・文化・価値観・言語等の違う人とも円滑にコミュニケーションする
□別の価値観を持った人々とも互いに理解し合う
□まったく違う環境に飛び込むことを厭（いと）わない。歓迎する

NGな行動

□ほかの文化・価値観・言語の人たちと関わることができない
□自分と異なる価値観を理解せず、排他的になる
□異文化に入ることを拒絶する。避ける。軋轢（あつれき）を生む

チェックポイント

異なる文化の人がよりどころにしている考え方や背景、尊敬すべき点を知っていますか。自分の価値観や経験にこだわり、他者を排除する態度を取っていませんか。

推奨行動

自分自身の価値観と周囲の価値観が違うときは、安易に物事を断定せず、話し合って合意を取るように心掛けましょう。外国語の勉強をしながらほかの文化にも触れ、仕事上のみならず、異業種・他職種の人たちとも積極的に交流を図りましょう。

カテゴリ：ヒューマンスキル　コンピテンシー21

プレゼンテーション

多くの人から、理解と共感を得られるか

　プレゼンテーションを行なう際には、聞き手が求めることを理解し、わかりやすく要点をまとめ、効果的に伝えることが求められます。相手が少人数であっても、多くの聴衆を相手にした場合でも、プレゼンテーションソフトや資料を効果的に用いて、さらに、身振り、手振り、表情、目線、話の抑揚、テンポなどに気を配ったプレゼンテーションスキルを用いて、魅力的に伝えることが大切です。

OKな行動

□相手が少数でも多数でも、伝えたいことを的確に効果的に伝える
□プレゼンソフトや、身振り、手振り、目線などにより効果的にプレゼンする
□聞き手の様子や状況を見て、伝え方を適切に変えていく

NGな行動

□話し方がしどろもどろで、言いたいことが伝わらない
□プレゼンソフト、資料が整わず、言葉だけの説明でわかりにくい
□場の雰囲気にそぐわない、一方的で退屈なプレゼンを続ける

チェックポイント

　プレゼンテーションの機会を積極的につくっていますか？　プレゼンテーションに必要な基本的要素（視覚的資料の作成・使用、身振り、手振り、表情、目線、抑揚、テンポ）について理解していますか。聴衆の表情を常に確認して、伝え方を変えていますか。

推奨行動

　プレゼンテーションは練習が必要です。その際に、基本的なプレゼンテーションスキルを確認しましょう。プレゼンテーションの基本に関する書籍を読むなどして必要なプレゼンテーションスキルを知り、練習し、実践しましょう。

カテゴリ：人材活用　コンピテンシー 22

動機づけ

チームをやる気にさせる技量はあるか

動機づけとは、周囲に仕事の目的や意味を伝え、情熱を持って働きかけ、チームの活性化を促すことです。なぜそれをするのか、するべきなのか、行なったらどうなるのかを具体的に示し、各自が納得して目標を目指す雰囲気をつくります。個々の言動にも注意を払い、モチベーションが低下しているメンバーは適宜フォローします。やる気が落ちた原因を探り、その原因を取り除く努力をすることも重要です。

OKな行動

□周囲に仕事の目的・意味を伝え、チーム全体のやる気を高めている
□メンバーを気遣い、励まし、やる気が落ちている人を適切にフォローする
□自分の力だけではなく、チーム全体の力で成果を出している

NGな行動

□仕事の目的・意味を伝えていないため、メンバーが仕事に納得していない
□メンバーを放置し、困っているメンバーがいても気づかない
□チームの力を引き出そうとせず、士気を高める責任も感じていない

チェックポイント

モチベーションが落ちたメンバーを常にウォッチし、やる気を高めようとしていますか。メンバーのプライベートを含めた悩みを把握しようとしていますか。

推奨行動

個々のメンバーが何をモチベーションとして仕事しているのかを理解しましょう。定期的に飲み会やイベントを企画し、チームワークを高める環境をつくったり、個別にミーティングの機会を設けたりして、個々の夢や目標をヒアリングしましょう。

カテゴリ：リーダーシップ　コンピテンシー23

創造的能力

新しいアイデアを発案し、具現化しているか

創造的能力とは、未体験の問題解決に適した新たなアイデア（モノ・方法・仕組みなど）を生み出し、企業活動に価値あるものとして具現化する力です。一見関係ないような複数の事案や事柄を結びつけたり、関連させたりすることで新たな価値が生まれてきます。従来の方法論や固定観念にとらわれず、目標や目的に向かって広い視野と発想力を駆使し、新たな解決策を生み出すことが求められます。

OKな行動

□1つの事象をヒントにし、アイデアを広げられる
□複数の事柄を結びつけ、新しい価値を生む
□今までにない新しい切り口で発想し、それを形にする

NGな行動

□発想が貧弱で、アイデアを広げられない
□物事を単視眼的にとらえ、複数の事柄を関連づけられない
□固定観念にとらわれ、新しい発想が生まれない

チェックポイント

細かいことや目前にあることだけに目を奪われていませんか。新しい発想をするための情報が不足していませんか。従来の方法論にこだわっていませんか。

推奨行動

芸術やスポーツなど、一見仕事に関係ない分野にも触れて発想力を磨きましょう。１つのキーワードから発想を広げていく訓練も必要です。アイデアの実現性を検証し、可能性が少しでもあれば、その具体的な方法を徹底的に模索しましょう。

カテゴリ：マネジメント コンピテンシー 24

目標達成

何があってもプロジェクトの目標達成をしているか

組織やチーム、プロジェクトなどの目標を達成することです。重要な目標を達成するためには、あらゆる方法や手段を尽くし、決してあきらめず、最後の最後まで可能性を追求する姿勢が大切になります。チームリーダーやマネジャーとして、メンバーのモチベーションが落ちないように常に声をかけ、励まし、相互に助け合う風土をつくり、チームや組織の総合力で目標を達成することを目指しましょう。

OKな行動

□目標の達成にこだわり、決してあきらめない
□目標を達成するために、あらゆる手段を尽くす
□目標達成の阻害要因を取り除く

NGな行動

□目標達成をすぐにあきらめる。納期を守らない
□目標達成のためのアプローチを変えない。別の方法を検討しない
□達成ができない理由を環境などの外的要因のせいにする

チェックポイント

何が何でも目標を達成するという組織風土をつくっていますか。あきらめかけたメンバーを励ましていますか。いざというときに使う最終手段をあらかじめ用意していますか。

推奨行動

達成したときのご褒美を用意したり、仕事が遅れているメンバーを助けたりする雰囲気づくりを心掛ける。誰が誰をフォローするかを決めておくなど、チーム全体で1つの目標に向かってモチベーションを高めていく、さまざまな工夫を心掛けましょう。

カテゴリ：意思決定　　コンピテンシー 25

問題分析

力を注ぐべきポイントを見出す力があるか

問題分析とは、多くの情報の中から必要な情報とそうでない情報を選り分け、問題を客観的かつ構造的にとらえることです。複雑な問題も図解化することによって、わかりやすく構造的に理解できるようになります。プロセス図、マトリクス、ロジックツリー、ピラミッドストラクチャーなど、ロジカルシンキング（論理的思考）の適切な分析ツールを用いて、過不足なく情報を整理し、問題の本質に迫りましょう。

OKな行動

□大切な情報と、不要な情報を区別している
□適切な分析ツールを使って、根拠のある分析を行なっている
□問題の本質や物事の原因を客観的にとらえている

NGな行動

□何が大切な情報かわかっていない。一元的な情報で右往左往する
□分析ツールの使い方がわからず、根拠のない分析を行なっている
□問題や原因の本質をとらえず、誤解、曲解している

チェックポイント

何か見落としている情報はありませんか。事象の関係を見誤っていませんか。一面的な情報や主観的な考えで分析しようとしていませんか。視野は網羅的ですか。あなたの説明は論理的ですか。

推奨行動

ロジカルシンキングの基本ツール（プロセス図、マトリクス、ロジックツリー、ピラミッドストラクチャーなど）を活用し、情報整理や問題分析をするスキルを高めましょう。自分の感情と事象に一線を引き、常に物事を客観的にとらえましょう。

カテゴリ：意思決定　　コンピテンシー26

改善

業務の無駄をなくし効率化を図っているか

改善とは、目標と現状の差異について常に注意を払い、現状をより良く変えていくことです。より良く業務を遂行するためには、無駄を排除し、より効率的な仕事の進め方をすることが大切です。無駄には、つくりすぎの無駄、運搬の無駄、加工の無駄、在庫の無駄、時間の使い方の無駄など、さまざまな種類があります。現状の問題点を把握し、多くの無駄を削減することで業務の効率化を図りましょう。

OKな行動

□目標と現状のギャップや問題点を明らかにしている
□業務やシステムを見直し、改善を試み、実行している
□無駄を削減し、仕事の効率化を進めている

NGな行動

□目標と現状のギャップや問題点を把握していない
□現状に満足している。変えようとしない
□無駄な業務などによって時間やお金を無駄遣いしている

チェックポイント

現状に満足せず、より効率的な仕事の進め方を考えていますか。あるべき姿と現状のギャップに常に注意を払い、無駄をなくす努力をしていますか。

推奨行動

無駄を削減することによって仕事がスムーズに行なわれるようになれば、利益の向上にもなります。目標と現状の差を書き出して、そのギャップを克服するための方策をできるだけ多くリストアップし、改善提案を定期的に行ないましょう。

カテゴリ：ヒューマンスキル　コンピテンシー 27

傾聴力

自分より経験のない部下の話を最後まで聞けるか

傾聴力のある人は、相手の話をよく聞き、理解を示し、信頼を得ます。自分より経験の少ない人や違う考えを持っている人の話でも最後まで聞き、理解しようと努めます。自分の価値観を押しつけたり、話の途中で否定したりせず、まずは相手に「受け止めてもらえた」という安心感を与えるのです。相づち・うなずき・言い換え・要約などを会話にはさみ込んで、相手を理解しようとしていることを言葉や態度で示しましょう。

OKな行動

□相手の話をしっかり聞いている。相手を理解しようとしている
□相手の話を否定せず、共感を示し、すべて吐き出させる
□自分の価値観を一方的に押しつけず、相手を肯定して受け入れる

NG な行動

□相手の話を聞かず、理解しようとしない。自分の話しかしない
□相手の話を遮る（さえぎ）。拒絶する。最後まで聞かない
□自分の価値観を変えない。相手の話を否定して受け入れない

チェックポイント

相手の話を遮らず最後まで聞いていますか。自分の価値観を押しつけ、すぐさま否定していませんか。断定せずに、相手の心の中を確認しようとしていますか。

推奨行動

話の要所要所で相手の考えや思いを引き出す質問をしましょう。相手の言いたいことを正しく理解するために、話のポイントごとに要約したり、自分の価値観を混ぜずに言い換えたりしてみましょう。自分と意見が違っても、最後まで聞くことが重要です。

カテゴリ：志向　　コンピテンシー 28

プロフィット

コスト意識を持ち、常に採算を意識しているか

利益向上のための取り組みを仕掛け、実績を出すことです。プロフィット志向の強い人は、儲けというものに対する意識が高く、マーケットの状況や伸び・余力、自社提供製品やサービスの価値・競合優位性を理解し、常に新しい儲けの種を探って自社に取り入れられないか検証しています。売上や利益の推移・原価率・経費の状況を把握し、売上を伸ばし、コストを削減する施策を常に考えましょう。

OKな行動

□売上・原価・経費を常に把握している
□売上を上げ、経費を下げる施策をいつも考え、実行している
□市場や競合の動きをよく知り、利益を上げている企業をよく研究している

NGな行動

□売上・原価・経費を把握していない
□利益を上げる施策を考えていない。コスト管理がずさんである
□市場や競合を見ていない。営利的な考えを取らない

チェックポイント

自部署の売上・原価・経費を把握し、売上を伸ばし、経費を下げる案を複数用意していますか。競合他社と自社の利益率の違いや優位性を理解していますか。

推奨行動

自社の売上構成・利益構造を理解し、競合他社の情報もできる限り把握しましょう。競合他社に対して自社が有利な点は何か、不利な点を克服するための施策は何か、コストで優位に立つか、価値で優位に立つか、戦略を明確にしましょう。

カテゴリ：マネジメント コンピテンシー29

計画立案

実現可能な行動計画を立て、リスクヘッジができているか

計画立案とは、無理なく目標を達成できる、考え抜かれた現実的な計画を立てることです。途中のマイルストーン（計画修正地点）の設定がなされ、５Ｗ２Ｈ（いつ・どこで・誰が・何を・なぜ・どうする・いくら）が示され、組織内で共有されていなければなりません。計画には、目標達成を阻害するリスクを盛り込んでおくことも大事です。どれだけリスクを想定できるかが目標達成のカギとなります。

OKな行動

□目標達成に向けて5W2Hが明確な、現実的な計画が立案されている
□計画に、目標達成を阻害するリスクが織り込まれている
□立案された計画がメンバーに共有されている

NGな行動

□5W2Hが不明確で、到達点までの道のりがわからない計画になっている
□リスクを想定しない計画を立てている
□立案された計画がメンバーに理解されていない

チェックポイント

その計画には５Ｗ２Ｈが盛り込まれていますか。修正可能な途中のマイルストーンが明示されていますか。達成するための体制や役割は明確になっていますか。

推奨行動

理想的すぎる計画ではなく、メンバーが休む・辞める・想定通りに受注が上がらない・進行しないなどのリスクを盛り込み、実現可能な計画を立案しましょう。トラブルがあった場合に備え、遅れを取り戻すプランＢも用意しておきましょう。

カテゴリ：マネジメント コンピテンシー 30

進捗管理

ベンチマークを設け、進捗管理ができているか

組織やプロジェクトの目標達成に向け、計画の進捗管理を行なうことです。進捗管理をするためには、ベンチマーク（水準点）を設定し、そのベンチマーク時点で常に検証を行なう必要があります。計画と現実の乖離（ギャップ）を把握し、その対応策も用意しておきましょう。緊急度・重要度などの優先順位を明確にしておき、不測の事態が起こった場合には、何を捨て、何を優先するのかを判断しなければなりません。

OKな行動

□進捗管理のためのベンチマークが設定されている
□ベンチマークごとに、計画と現実の乖離を把握している
□目標達成のために、必要ならば計画を修正している

NGな行動

□ベンチマークが設定されておらず、進捗管理が場当たり的である
□計画と現実の乖離が見えていない
□当初の計画を変更せず、目標が達成できない

チェックポイント

ミーティングを定期的に行ない、現状がきちんとわかる仕組みができていますか。常に納期や品質を確認し、確実に実行できるように働きかけていますか。

推奨行動

目標を達成できない状況に陥る前に、助けを求める組織風土をつくることが重要です。ミスやトラブルについての情報が確実に自分のところにくる仕掛けや、進行が30%、60%の段階でメンバーが現状報告するベンチマークを明確に設定しましょう。

カテゴリ：マネジメント コンピテンシー 31

計数管理

自社の収益構造を把握し、業績を上げる適切な施策をしているか

計数管理に明るい人は、売上や経費に常に気を配り、その現状を正確に把握しています。売上を伸ばすために行なうこと、経費や原価を下げるために行なうことを明確に理解し、必要に応じて実行することが求められます。今、どのような業種・業態が儲かっているのか、その理由は何かを把握し、自社・自部署で展開したときに、どうしたらより利益を上げることができるかを考えるように努めましょう。

OKな行動

□経費と投資の区別がつき、必要なときには適切にお金を使う
□組織の予算を策定し、実績を管理している
□社員の計数感覚を伸ばすための施策を展開する

NGな行動

□必要以上に経費を削り、会社が活力を失い、縮小均衡を招く
□予算策定ができない。非現実的な予算をつくる。組織の実績を管理していない
□計数感覚を持たない。必要性を感じていない

チェックポイント

自社、自部門の収益構造がわかっていますか。現状の企業ステージと自部門の現状を見て、売上と利益のどちらを追求すべきか、重視すべきか把握していますか。

推奨行動

P／L（プロフィット＆ロス）を意識し、B／S（バランスシート）も読めるように勉強しましょう。費用対効果・投資対効果を常に検証し、将来に向けての投資と現在削減すべき経費の区別をつけ、財務や計数的視点から物事をとらえ分析しましょう。

カテゴリ：人材活用　　コンピテンシー32

人材育成

部下のキャリアビジョンを把握し、能力開発支援をしているか

人材育成とは、メンバー一人ひとりのキャリアビジョンやライフビジョンを把握し、それについてメンバーと一緒にプランニングし、どうすべきか考えていくことです。人事評価を適切に行ない、各々の強みを明らかにし、本人に認識させることが大切です。しかるべきフィードバックを行ないながら、個別の目標設定を促し、課題点を明らかにし、それぞれの技術や能力の向上を積極的に支援していきましょう。

OKな行動

□メンバーのキャリアビジョン・ライフビジョンを把握している
□各々の課題を明確にし、メンバーの能力開発を支援する
□メンバーの弱点・改善点を適切にフィードバックしている

NGな行動

□メンバーのキャリアビジョン・ライフビジョンを知らない
□個々の個別課題を明確にできず、能力開発の支援をしていない
□メンバーの弱点・改善点を指摘しない。部下が育たない

チェックポイント

メンバーが３年後、５年後にどうなりたいと思っているのか、何を目指しているのか、キャリア上の悩みは何かを把握し、適切なアドバイスを与えていますか。

推奨行動

メンバーの強み・弱点・課題・克服方法について記録し、評価の際にはそれをもとにフィードバックを行なうことが重要です。目標管理の際はメンバーの能力やキャリアプランに沿った適切な目標を設定し、達成支援を積極的に行ないましょう。

カテゴリ：意思決定　コンピテンシー 33

解決案の提示

問題に対する適切な複数の解決案を導き出せるか

問題の解決案を提示する際には、多くの情報収集をもとによく練られた複数の選択肢を示すことが大切です。専門的な分野については専門家から情報収集し、ほかの事例を検証するなど、決断者が決断を下すための選択肢を数多く提示し、メリット、デメリットや予想される結果を示します。そして、選択肢の中で最善な選択肢とその理由を説明します。その提言に説得力があれば、決断の際に大いに参考にされます。

OKな行動

□複数の選択肢を提示し、各々のメリット、デメリットや予想される結果も示す
□選択肢の中で、最善な選択を提言する
□多くの情報によって練られ、合理性と論理に基づいた選択肢を案出する

NGな行動

□複数の選択肢を案出しない。リスクを含めた結果の予想がされていない
□どの選択肢を取るべきか、類推されていない
□材料不足の解決案になっている。論理的でない。直感や感覚に頼りすぎる

チェックポイント

解決案を示すときに、複数の選択肢を提示していますか。メリット、デメリットが整理されていますか。客観的な論拠を示した解決案の提示になっていますか。

推奨行動

選択肢のメリット、デメリットを１つの表にまとめ、デメリットについては最悪の事態も想定しましょう。費用やリスクも十分に検討し、各選択肢のヒト、モノ、カネ、情報、ブランドイメージ等へのプラスやマイナスの影響も検証しましょう。

カテゴリ：マネジメント　コンピテンシー 34

目標設定

会社のビジョンや戦略に沿った年度目標を設定しているか

目標設定とは、ビジョンや戦略を具現化するための目標を、通常、１年単位や半年単位で設定していくことです。場合によって、それは通過点としての目標になる場合もあります。目標を設定するに当たっては、その目標が到達可能であり、その価値ある目標をどれぐらい達成できたのかを、できるだけ具体的に計れる状態にする必要があります。そして、目標を正しく理解させるために周囲に働きかけることも重要です。

OKな行動

□ビジョンや戦略から落とし込まれた目標を設定している
□達成基準が明確な目標を設定している
□すべての社員やスタッフがそれぞれ正しく目標を認識している

NG な行動

□ビジョンや戦略につながる目標になっていない
□目標が明確でない。達成基準が曖昧な漠然とした目標になっている
□目標が浸透しておらず、社員やスタッフが認識していない

チェックポイント

目標はビジョンや戦略に沿っていますか。頑張れば必ず達成される目標になっていますか。達成したか、達成していないか、明確に計れる状態になっていますか。

推奨行動

目標とは、到達点を明らかにすればするほど達成しやすくなります。目標を達成したときには、会社や自部門、あるいは自分がどのような状態になっているのか、達成するまでの計画をできるだけ具体的に書いてプランを練るようにしましょう。

カテゴリ：人材活用　コンピテンシー35

人的ネットワーキング

社内外のキーパーソンを把握し影響力を得ているか

社内外の人的ネットワークを構築し活用することです。社内外のキーパーソン（決定に影響を持つ人）や、各分野の専門家と人脈を持てると、案件を通す際の根回しや企画実現の組織合意が得やすくなります。多くの人脈を築くには、相手のメリットになる情報を提供したり、人と人をつなぐ場を設けたりするなど、信頼を得る努力が不可欠。そこから関係性を深め、いざというときに頼りにできる人間関係を築いていくのです。

OKな行動

□社内・顧客企業のキーパーソンや専門家を把握し、影響力を持っている
□根回しがうまく、多くの人の協力を得て、案件を通せる
□社外の人的ネットワークを築いていて、いろいろな人と人をつないでいる

NGな行動

□キーパーソンを知らない。専門家との人脈が少ない。人的影響力がない
□正攻法しか知らず、案件を通せない
□社外の人脈がない。人と人をつなげず、人的ネットワークが築けない

チェックポイント

社内外のキーパーソンや、経営者を動かせる人材は誰か把握していますか。経営者や役員に直接いっても通らない案件を通すには、誰に根回しすればいいのか知っていますか。

推奨行動

人的ネットワークを築くには、できるだけ多くの人と出会う機会を増やし、そこから一見関係ない人と人を結びつけ、そのネットワークの中心にいることが大切です。きっかけは仕事でも趣味でも構いません。そこから人的影響力を広げましょう。

カテゴリ：人材活用　　コンピテンシー36

人材発掘・活用

社内外から優れた人材を発掘し登用しているか

人材発掘・活用をするうえで重要なのは、社内外から優れた人材を見つけ、より能力を発揮する機会を与えることです。幅広い人脈を持ち、多くの人の内面や実力を知ったうえで外から引っ張ってきたり、組織全体に人材育成を働きかけたり、将来性のある人材を育てる仕組みを構築したりすることも必要。社外の有力な人材に声をかけて引き抜く場合は、お金だけでなく、夢やビジョンで惹きつけられる自分自身の魅力も、大事なポイントとなります。

OKな行動

□多くの人材の中から、優れた人材を見つけ出し、機会を与える
□メンバーから優れたアイデアを引き出し、実現を支援する
□社外の有力な人材を見つけ、口説き、惹きつけ、入社させる

NGな行動

□優れた人材を見つけられない。機会を与えない
□メンバーのアイデアを受け入れない、活かさない。支援しようとしない
□社外の人材を知らない。惹きつけられない。口説けない

チェックポイント

社内の若手メンバーで引き上げるべき人材はいますか。社外も含めて優秀な人材をどれだけ知っていますか。その人材に声をかけるチャンスを伺っていますか。

推奨行動

優秀な人材を発掘し活用するには、その人がポテンシャルを発揮できる機会を与え、アイデアや提案を受け入れる環境をつくることが大切です。社内外の優秀な人材のネットワークをつくり、多くのチャンスを与える仕組みを構築しましょう。

カテゴリ：リーダーシップ　コンピテンシー37

理念浸透

経営理念の浸透をメンバーに働きかけているか

会社の理念に共感し、理念に基づいた言動を行なうことです。経営理念には、ビジョン（目標・夢・志・方向性）、ミッション（使命・目的・役割・存在意義）、バリュー（価値観・あり方・姿勢）と呼ばれるものがあり、それを具体的に落とし込んだものが行動指針や規範となって存在しています。会社が目指すものを自らの言葉で語ることができ、理念に則った行動を浸透させるのがリーダーの役割です。

OKな行動

□会社の理念を自分の言葉で語り、行動指針を体現している
□理念と現実をつなげており、矛盾しない
□社員や顧客などに理念の実現を情熱的に働きかけている

NGな行動

□会社の理念を語れない。意識していない。行動に表していない
□現実を優先し、理念を省みない
□仕事の意味を理念につなげて働きかけていない

チェックポイント

何のために仕事をしているのかと聞かれて、すぐに会社の理念が思い浮かびますか。会社が目指すものに共感し、自分の言葉で情熱的に語ることはできますか。

推奨行動

自分の会社は、お客様や世の中に対して何を提供しているのか。製品やサービスだけとは限りません。それらを通じて何を提供しているのか、改めて自分に問いかけ、経営者の言葉以上にわかりやすく、自分の言葉で語れるようにしましょう。

カテゴリ：リーダーシップ　コンピテンシー38

戦略策定

ビジョン実現に向けて具体的な戦略を示しているか

ビジョンに向かう戦略を策定して誰もが理解する形で方針を示し、組織の向かう方向を明らかにすることです。車で目的地に向かう際に、高速道路を使うか、コストの安い一般道を使うかを選択するように、会社のあるべき姿に向かう具体的な道筋を複数、精査し選定します。実行すれば、ほかの選択肢は捨てることになります。組織のリーダーには、その重大な決断を下し、責任を取る覚悟が求められます。

OKな行動

- □会社のあるべき姿に向かう戦略を策定し、具体的な方針を示している
- □現状をしっかりと把握しており、戦略策定時に考慮している
- □捨てるものを明らかにし、その責任を取る覚悟がある

NGな行動

- □戦略を策定していない。会社のあるべき姿が見えていない
- □現状を把握していない。具体策を描こうとしない
- □ほかの選択肢を捨てられない。決断する覚悟、責任を取る姿勢がない

チェックポイント

組織の中長期的なあるべき姿が見えていますか。その姿と現在のギャップ、解決すべき課題を明確にできていますか。戦略の根拠をわかりやすく説明できますか。

推奨行動

３年後、５年後のあるべき姿を、できるだけ具体的に検証しましょう。あるべき姿に向かうための現在の問題点と解決方法を複数挙げ、それぞれに関してのメリット、デメリット、具体的なリスクも検証し、取るべき戦略を明確にしましょう。

カテゴリ：リーダーシップ　コンピテンシー 39

変革力

伝統や慣習にしばられずに斬新な取り組みをしているか

変革とは、前例や慣習にとらわれず、新たな取り組みを行なうことです。組織改革や新規事業の創出を行なう際には、リスクや痛みを伴うこともあります。新たな価値を創造するためには、たとえ抵抗があっても、反対勢力に屈しない強さと覚悟が必要になります。組織のリーダーは、常に危機意識を持ち、さまざまな情報を収集し、多くの事例を研究し、積極的に現状を変えていく発想と行動が求められるのです。

OKな行動

- □伝統や慣習にしばられず、過去を否定する勇気を示す
- □常に危機意識を持ち、成功体験にとらわれない、斬新（ざんしん）な発想をする
- □多数の反対意見を押し返す強さや信念がある

NGな行動

- □伝統や慣習にしばられ、過去を引きずっている
- □現状に満足し、危機意識がない。常識的な発想しかできない
- □反対されるようなことはいわない。長いものに巻かれる

チェックポイント

現状への危機意識を持っていますか。もっと良くなるという考えで現状を見ていますか。反対されても貫き通すだけの現状を打破する改革案を持っていますか。

推奨行動

世の中の新たな取り組みや成功事例や失敗事例を数多く収集し、分析を深めていくことが大切です。現状のまま進んでいった場合の最悪なケースも想定し、一度、現状や過去を一切否定して、誰も考えつかないような斬新な発想をしてみましょう。

カテゴリ：ヒューマンスキル　コンピテンシー40

説得力

相手から同意を取りつける交渉スキルがあるか

ビジネスにおける交渉の場面で重要なのは、相手から同意を取りつける説得力です。人を説得するときには、双方がWin-Winの関係になり、合意が形成できるポイントを提示して相手の不安を払拭すること。論理や客観性だけでなく、相手から感情的な否定をされないように理解を示すことが大切です。相手の話をよく聞き、思いや立場を理解したうえで自分の考えを伝え、自分が意図した方向へと導いていきましょう。

OKな行動

□双方のWin-Winを示し、合意形成する
□相手のニーズをとらえた的確な提案により、同意を得られる
□相手の不安を払拭し、説得に成功する

NGな行動

□相手にとってのメリットが見えない。相手が拒絶する状況をつくってしまう
□相手のニーズをとらえない一方的な提案を繰り返し、説得できない
□相手の不安が増幅し、説得に失敗する

チェックポイント

相手が求めていることを本当に理解し、自分が相手に理解してもらいたいことが整理できていますか。双方のゆずれないラインを確認し明確化していますか。

推奨行動

「結論を早く求めリスクも厭（いと）わない人」「周囲の意見を大切にする人」「リスクを避けて実績を重視する人」「決断までに時間をかける慎重派」など、人間にはさまざまなタイプがあります。相手に応じて説得方法を変えるスキルを身につけましょう。

カテゴリ：リーダーシップ　コンピテンシー41

ビジョン策定

会社の3年後、5年後の姿を具体的に示しているか

ビジョン策定とは、中長期的な視野を持ち、数年後のあるべき姿を具体的に示すことです。3年後、5年後は、自社や自部門はどのような姿をしているのか、何を実現しているのか、何を目指しているのか、世界や日本の動き、経済や景気、マーケットの動向、自社と競合のトレンドなど、多くの情報を集めましょう。リスクも考慮した多角的な視点を持つことで、ビジョンを明確にし、経営者や社員に提示しましょう。

OKな行動

☐経済動向、景気、マーケットの状況を広く把握し、将来を展望している
☐考え得るリスクを想定したビジョンを描く
☐細部にとらわれず、広い視野と高い視点からのビジョンになっている

NGな行動

☐経済、景気、マーケットの動向を注視していない
☐リスクを想定せず、夢物語になっている
☐細部に注目しすぎて、木を見て森を見ずのビジョンになっている

チェックポイント

経営者が中長期的に何を目指そうとしているのか知っていますか。大局的に物事を見ていますか。3年後、5年後の自社の状況を具体的にイメージしていますか。

推奨行動

自分の仕事の少なくとも20%は将来について考える時間としてスケジュールに組み込みましょう。定期的に業界のキーパーソンとコンタクトを取る習慣を持つことも大切です。悲観的になりすぎず、周囲に夢と希望を与えるビジョンを描きましょう。

カテゴリ：人材活用　　コンピテンシー 42

組織運営

鷹の視点で組織内の問題解決策を提示しているか

組織運営を行なううえで大事なのは、さまざまな階層や職種によって成り立っている組織の全体に目を配りながら、マネジメントをしていくことです。オペレーター、総合職、一般職、アルバイトなど、それぞれの職種ごとの役割や難易度、注意点などを把握し、もろもろの問題の解決策を提示していきます。すべての異なった人材を尊重しつつ、組織として目指す方向を示し、大切な価値観を共有するような働きかけをしていきましょう。

OKな行動

□異なるキャリアのメンバーに、共通の目標を持たせる
□限られた職種に限らず、全体的視点から組織やチームを運営する
□組織内で起こるさまざまな問題点に対して的確に対応する

NGな行動

□価値観の違うメンバーに同じ方向性を持たせることができない
□自分の組織の利益のみ優先し、全体的な視点に立たない
□組織内で問題があっても混乱を放置し問題が大きくなる

チェックポイント

いろいろな職種の人の気持ちを理解していますか。メンバーのミスは自分の責任という自覚はありますか。メンバーを守るために上位者や他部門の役職者と戦えますか。

推奨行動

自分の部門の利益のみを優先せず、常に全社的に最適な自部門のあり方を考えることが重要です。自部門のみならず、他部門やさまざまな職種のメンバーと幅広く交流し、社内の人間に対して広い見識を持って組織運営を行なっていきましょう。

カテゴリ：人材活用　コンピテンシー43

業務委任

部下に仕事を任せ、より大局的な仕事をしているか

適切な人材に仕事を任せ、成長の機会を与えることです。判断基準を合わせて、自分が責任を引き受けながら、業務を部下に委譲します。業務委任を行なううえで重要なのは、自分がやるべきことと、人に任せる仕事を整理すること。できるだけ多くの仕事を部下に任せ、自分は会社や組織の将来に目を向けた、より重要度の高い大局的な仕事に取り組む時間をつくりましょう。自分の後継者となる人材の育成計画も必要です。

OKな行動

□自分の仕事を部下に任せて、より重要な仕事のための時間を確保する
□業務を委任することで、部下が能力を伸ばす機会を多くつくる
□部下に仕事を任せた結果失敗しても、フォローし責任を取る体制をつくっている

NGな行動

□自ら行なう業務を減らすことができず、大局的な仕事ができない
□自分の仕事を人に任せず、部下の仕事がマンネリになり、能力が向上しない
□適切なフォローを怠り、部下の失敗をただ叱責する。責任逃れをする

チェックポイント

部下の誰に何をどこまで任せられるか、一人ひとりの能力を勘案して把握していますか。自分の後継者はいますか。任せた仕事の責任を取る覚悟はありますか。

推奨行動

部門全体でやるべきこと、メンバーがやりたいこと、やれること、それぞれの強みを一覧表にして整理し、自分がやるべき仕事と人に任せる仕事を分けたリストをつくりましょう。後継者となる人材を見つけ、任せる範囲を広げていきましょう。

カテゴリ：意思決定　　コンピテンシー44

決断力

材料がそろわなくても決断し、その責任を負う覚悟があるか

リーダーの役割は、重要な決断を下して次の行動を指示することです。決断とは、ほかの選択肢を捨てることを意味し、それによって発生する責任を負う覚悟が求められます。仮に材料がそろっていなくても、しかるべきタイミングで決断しなければならず、その決断で生じた最悪の事態に対処する決意の有無も問われます。だからこそ１つの決断をする際には、複数の選択肢を徹底的に検証することが必要になるのです。

OKな行動

□材料がそろわなくても適切なタイミングで決断し、ほかの選択肢を捨てる
□決断に際して、その責任を負う覚悟がある
□決断するための選択肢を徹底的に検証し、根拠ある決断をする

NGな行動

□決断すべきタイミングであっても、迷ったまま、決断を先延ばしにする
□責任を負う覚悟がなく、決断しない
□選択肢の検証が甘く、リスクも想定せず、何の根拠もない決断をする

チェックポイント

その決断がいつまでに必要かわかっていますか。決断することによって発生する責任を負う覚悟はありますか。その決断で生じる最悪の事態も想定していますか。

推奨行動

どんなにたくさんの選択肢を検証しても、絶対に正しい決断ができるとは限りません。間違いがあることも想定して決断を下し、間違っていたら潔くあきらめることも大切です。いつまでも引きずらず、次の決断をして新しい指示を与えましょう。

カテゴリ：エネルギー　コンピテンシー45

信念

目上の人から反対されても信念を実行していく強さがあるか

信念のある人は、自分が信じる確固たる意志を持ち、周囲の反対や批判があっても動じません。経験に裏打ちされた自分の考えを情熱的に語り、それによって周囲から信頼され人望を得ているのです。組織として進むべき道を決断したら、たとえ立場が上の人間から否定されても、根拠を示して説得し、信念を貫いて実行していく強さが必要です。決して逃げず、自分で責任を取る覚悟も求められます。

OKな行動

□自分自身の考えを貫く。強い確信を持っていて、安易に妥協しない
□批判や反対をされても、根拠を示して説得する
□自身の考えを情熱的に語り、周囲をどんどん巻き込んでいく

NGな行動

□日和見(ひよりみ)的な発想で、自分の考えをころころ変える
□強い者に弱い。すぐに翻(ひるがえ)る。批判されないように立ち回る
□自分の考えがないので周囲を巻き込めず、信頼されず、人望もない

チェックポイント

自分が正しいと思ったことは信念を持って語っていますか。その信念は経験や客観的情報に裏打ちされたものですか。反対や批判に耐え抜くことができますか。

推奨行動

自分の信念の背景にあるものは何か、自分が正しいと信じられる客観的な事実を積み上げ、自分の考えの根拠を見出しましょう。絶対に正しいと確信したときは、人の意見は聞いても、自分の意思で決断し、それが間違っていたら責任を取りましょう。

第5章

評価ポイントは年齢によっても変化する

——年齢による「周囲の期待の変化」をつかむ

年齢も、評価のカギとなる理由

会社は、常にあなたに変化と成長を求めています。

20代で求められること、30代で求められること、40代で求められることは違います。

本章では「45のコンピテンシー」をより深く理解し、有効に活用していただくために、会社が求める「年齢によって変化する人物像や役割」について注意点を紹介します。

たとえば、あなたが転職しようとしているとしましょう。**すると選考の際には「年齢」も1つの目安として判断されます。**「40代だったら、このぐらいはできないとなぁ」と、少なくとも〝課長クラスのコンピテンシー〟発揮の経験の有無をチェックされます。

逆に、30代で〝部長クラスのコンピテンシー〟の発揮経験があれば、「おっ、年齢の割に、いい仕事をしてきたな！」と評価されるでしょう。もちろん、年齢がすべてではありませんが、人事担当者は、特に中途採用に関しては、「30代だったらこのぐらいできるよね」という基準値を持っているのです。こうしたそれぞれの年代に求められる基準をあらかじめ知っておけば、あなたの仕事の自由度はさらに高まっていくはずです。

20代前半は「ガンコ」禁物

多くの会社が求める20代の人材は「明るく元気で素直な人」であり、逆に最も評価されないのが、吸収力のないガンコな人です。ガンコな人は、成長しにくいからです。

管理職研修などでよく話題になるのは、今の若い世代は「なぜそれをやるのか」、その理由を伝えないと、なかなか動かない傾向があるということです。理由もわからず何かを指示されるのは、理不尽に感じるのでしょう。

しかし、「なぜそれをやるのか?」は自分で考えることなのです。自ら答えを見つける主体性を身につけなければ、次の段階には進めません。新人の時期は、上司や先輩にいわれたことを「四の五のいわずに実行する」ことが、非常に大切なのです。

脳科学者の黒川伊保子さんが、著書『家族脳』(新潮社)の中でこんな主旨のお話をされていました。

20代というのは脳が吸収をする時期なので、「自分は何者なのか?」などと考えても意味がない。与えられた環境の中で、とにかくガムシャラにやることが大事である、と。

私もそう思います。仕事の本質的なことを見極めるためには、まずはいろいろな壁にぶつかりながら、多くの物事を吸収する必要があります。

最初の5年間で、社会人としてどこでも通用する「基本的なビジネス行動」が身につけられるかどうか。それが、その後のキャリア形成に大きく影響してきます。

ビジネスにおいてのマナー、ルール遵守の姿勢、電話応対や顧客対応などの社会人としての基本中の基本を身につけないまま30代を迎えてしまうと、職場の「困った人」になることは確実です。

私がCCCやクリーク・アンド・リバー社で人事部長を務めていたころに採用した若手社員たちは、今、それぞれが社内外で大きく羽ばたいています。

といっても、(彼らには申し訳ないですが!)、みんなそれほど特別な能力があったわけではありません。

それでも社内外で活躍する人材に育ったのは、変化の激しいベンチャー企業の中で揉まれ、悩み、しんどい思いをしながらも四の五のいわずに、ガムシャラに仕事に取り組むことで、どこにいっても通用する「基本的なビジネス行動」を身につけたからです。

〝素直な人間〟は、転職市場においても「買い」と判断していい、重要な資産です。

20代後半の禁句「どうしましょう?」

20代後半は、これまで吸収してきた知識やスキルを活かし、自分で考え、自ら主体的に行動する時期になります。**20代後半の評価ポイントは「主体性」があるかどうかです。**

20代の成長モデル

(1)いってもわからない人……**困った新人**
(2)いわれたらわかる人……**普通の新人**
(3)いわれなくてもわかる人……**できる新人**
(4)いわれなくてもやる人……**一人前**
(5)やるべきことを自ら考えてやる人……**一人前・チーフ**

「主体的な行動」と「チームワーク」は、どちらも社会人の基本となる非常に重要なコンピテンシーですが、新人時代にどちらをより重視するかは会社によって異なります。協調性を重んじる会社もあれば、自ら積極的に動く人間を求めている会社もあります。

しかし、「一人前」と見なされる20代後半になると、どの会社も「主体性」をより重視するようになり、その有無によって評価に大きな差がつきます。

その判断基準となるのが、「どうしましょう？」という言葉です。

上司に何かを相談するときに「どうしましょう？」と、ただ上司に判断を委ねるのか、「こうしたいのですが、いいですか？」と自ら提案して承諾を得るのか。

主体性があるのは、明らかに後者です。

たとえばサービス業なら、店長から指示されたことがきちんとできることに加え、「この棚はこうしたほうがいいんじゃないですか？」と、自ら提案し主体的に動くことです。「どうしましょう？」は、状況判断と対応策をすべて他者に丸投げしており、そこには一切の主体性がありません。給与は価値提供の対価です。主体性がなく、より大きな価値提供ができない人は、いくつになっても給与やポジションは上がっていきません。

では、どうしたら主体性が身につくのか？

それは、上司の指示を実行するときも、ただやるのではなく、「なぜその指示が行なわれるのか？」「全体の中でどの部分を占めているのか？」「ほかの業務との関連性は何か？」と、常に自分の頭で考えていくのです。上司の指示の意味を、本質的に理解したうえで行動する人と、ただいわれた通りにやるだけのる人では、成長に雲泥の差がつきます。そして一人前クラスにもなると、上司よりも現場を詳しく知る部下のほうが、より優れた提案ができたりするものです。

そんなときの上司の仕事は、その提案を受け入れ、責任を取ることです。

マッキンゼーの日本支社で人材育成や採用マネジャーを12年間務めた伊賀泰代さんは、著書『採用基準』(ダイヤモンド社)の中でこう語っていました。

「多くの人が、マッキンゼーの採用基準を地頭や論理的思考力であると考えています。しかしそこで求められているのは、『将来のリーダーとなるポテンシャルをもった人』です。そしてそれは、今の日本に必要な人材そのものなのです」

「どうしましょう?」ではなく、「こうしたいのですが、いいですか?」と提案することは、まさにリーダーシップを身につけていく第一歩になります。

私は、部下に「どうしましょう?」禁止令を出しています。私の頭を使わず、自分の頭を使ってほしいと思っています。

30代は周りを巻き込め！

30代では、自分の考えを提案する対象を上司だけでなく、同僚、部下、他部署の人間、クライアント、関係各社などに広げ、全方位に向けて発信することが必要になります。「こうしたいけど、いいですか？」ではなく、**「こうしようぜ！」と提案し、「周りを巻き込んで目標を達成していく力」**が、30代では特に重要になってくるのです。

20代で培った知識や経験を生かして新しいものをつくり、より大きな目標を達成するためには、多くの人の協力が必要です。目標達成のための計画を立て、課題や問題を分析し、上司やメンバーを説得し、多くの人たちとコミュニケーションを深めながら、しっかりした段取りを組んで実現していく。

30代になると、創造的能力、問題分析、計画立案、改善、プレゼンテーション、動機づけ、柔軟な対応、傾聴力、解決案の提示、進捗管理、目標達成など、さまざまなコンピテンシーが求められます。また、チーフや課長クラスに昇進すると、部下やメンバーの指導など、人を育てる役割も担うことになります。

■ タスクの4つの分類方法

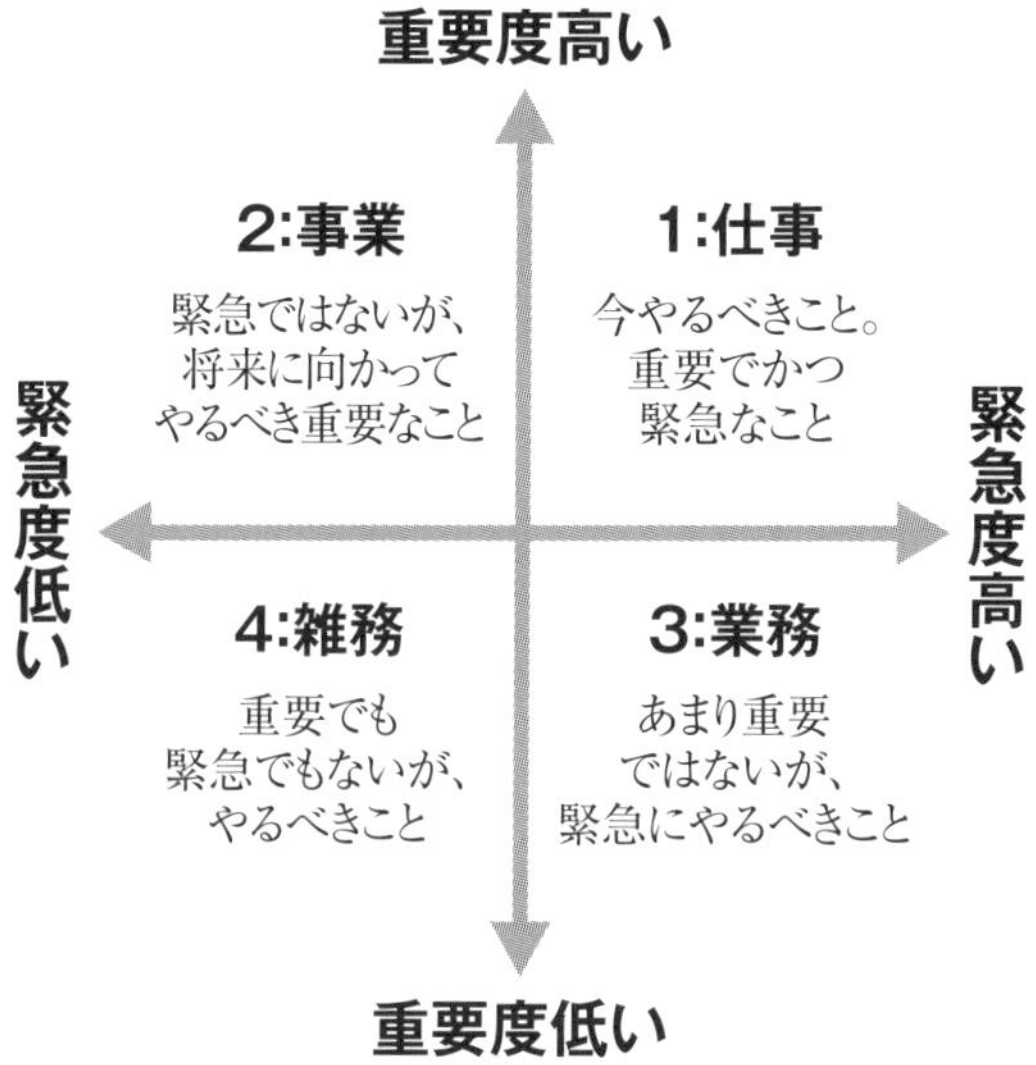
重要度高い
2:事業
緊急ではないが、将来に向かってやるべき重要なこと
1:仕事
今やるべきこと。重要でかつ緊急なこと
緊急度低い
緊急度高い
4:雑務
重要でも緊急でもないが、やるべきこと
3:業務
あまり重要ではないが、緊急にやるべきこと
重要度低い

30代では「タスクマネジメント（やるべきことの管理）」と「ヒューマンマネジメント（人の管理）」の2方向のマネジメント能力が同時に求められ、そのどちらも重要な評価基準となるのです。ですから、やるべきことの多い30代では「優先順位」のつけ方も重要です。ちなみに、やるべきことを整理し、無駄なく効率良く仕事が回る仕組みをつくる際に役立つのが、上記の「タスクの4つの分類方法」です。

タスクマネジメントで大事な

ことは、まず全体像を把握することです。このマトリクスを参考にして、自分がやるべきことを「重要度」と「緊急度」で4つに分類して整理しましょう。

1は、それをすることによって価値を生む仕事です。営業職だったら、顧客訪問や提案書の作成といった売上に直結する業務がそれに当たります。

2は、今すぐやる必要はなくても、やらなければならない仕事。来期の計画立案や新企画の立案、新たなスキルを身につける勉強、見聞を広げるための人脈づくりなど。

3は、報告書の作成や会議、電話やメールの対応などの日常業務。

4は、伝票整理やメンバーとのコミュニケーションを深めるための飲み会など。

1が優先されるのは当然です。**2**をおろそかにしていると先々で困ることになり、将来の可能性も狭(せば)まります。**3**もやらないわけにはいきません。ヒューマンマネジメントをきちんと行なうためには、**4**の部下やメンバーとのコミュニケーションも大切です。

マネジメントの定義とは、経営資源を効率的に活用し、最大の成果を挙げることです。**限られた時間や人材で、いかに成果を挙げる仕組みをつくるか、そして周囲を巻き込んでいけるか。**この課題を克服できるかどうかで30代以降の評価が大きく変わります。

■周囲を巻き込み、成果を上げる仕組みをつくる

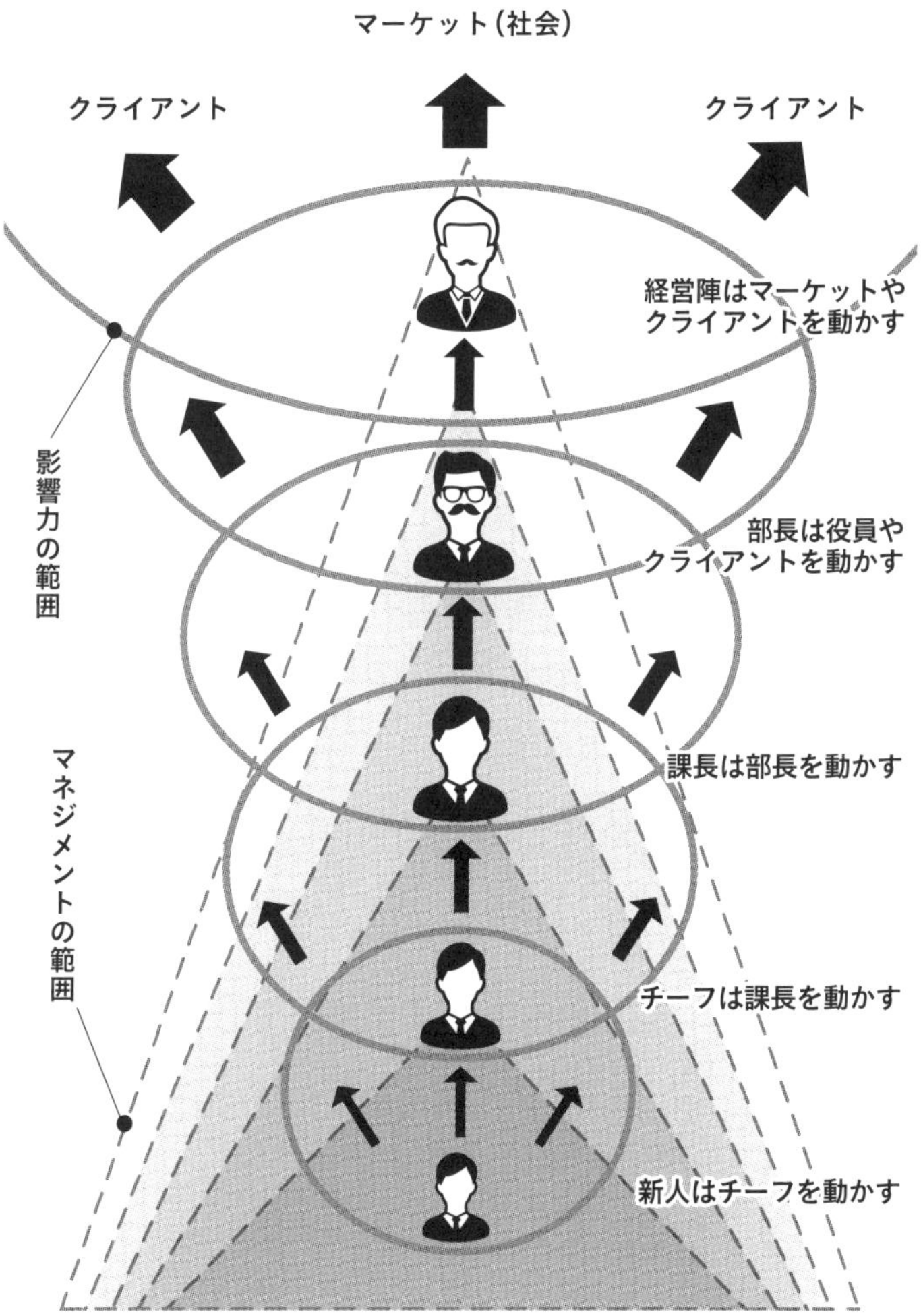
マーケット(社会)
クライアント
クライアント
経営陣はマーケットや
クライアントを動かす
部長は役員や
クライアントを動かす
課長は部長を動かす
チーフは課長を動かす
新人はチーフを動かす
影響力の範囲
マネジメントの範囲

30代で飛躍するには、「20代でのやり方」にとらわれないこと

「これまでの経験を活かして頑張ります」

転職者の面接をしていると、こうアピールする人がとても多いのですが、過去の経験は必ずしも良い結果を生むとは限りません。

たとえ同じ職種でも、会社や立場が違えば、ルールもやり方も違っているものです。過去の経験や前職の地位に誇りを持ちすぎている人は、それが障害になって新しい環境に適応できません。そんな事例を、私は数多く見てきました。

30代になったときも、同じことがいえます。30代になれば、会社から求められる役割も変わるのに、「20代のころ、自分はこういうやり方で成果を出した」というプライドをよりどころにしていると、役割の変化に対応できずに残念な結果を招いてしまいます。

実は私自身もそうでした。

いすゞ自動車で人事関連部門を担当し、リクルートでも7年間、企業の採用・教育に

関する営業をしていましたから、ＣＣＣに転職して人事部に配属されたときは、それまでに培った経験を活かして頑張ろうと張り切っていました。

ところが、私の過去の経験は、新しい環境では何の役にも立たなかったのです。

私の上司になった人は、たった2歳しか違わないのに、人事経験が豊富なプロ中のプロ。徹底的にけなされ、怒られ、絞られ、当時あったわずかばかりのプライドはこっぱみじんに砕かれました。でも、結果的にはそれが良かったのです。

当時32歳だった私は、「自分の経験は全部捨て、この上司からすべてを学び直そう！」と決意し、無心になって新しい上司から学び、人事の仕事に取り組みました。

この経験があったからこそ、今もこの仕事を続けられていると思います。

過去のやり方にすがってしまうと、それ以上の成長はありません。

どんなに素晴らしい過去があっても、評価されるのは常に「今」の自分です。成長が止まったままでは、40代、50代になって、もっと無惨な結果が待っています。

30代なら、まだまだリセットしてもゼロから始められます。すべてを捨てても、過去の経験の一切が無駄になるわけではありません。それらを活かせる日も、先々に必ずやってきます。

30代になって、20代のころに培ったスキルや方法論が通用しなくなったと思ったら、思い切って、〝新人クラスのコンピテンシー〟である「成長意欲・学習意欲」の原点に戻ってください。

そして「あの人のようになりたい」と思うモデルを見つけ、自分との違いを明確にし、何を学ぶべきか整理し直しましょう。

そして自分の成長のために他者に助言を求め、失敗の原因や欠点克服のために必要なことを考える。今の自分をいったん壊せるかどうかが、30代の分岐点です。

40代以上は「戦略」が必須

キャリアステップの中で最も大きな「壁」が立ちはだかっているのは、課長クラスから部長クラスへの昇進でしょう。

40代になっても課長クラスに留まっていると、30代の人たちが上がってきます。より給与が安く、より仕事ができる人たちが伸びてくるとピンチです。組織の中で必要性が失われ、「あの人、いらないよね」と、出向、あるいは希望退職を望まれるようになる。

40代になると、そういう厳しい現実が待っています。

では、部長クラス以上に昇進するためには、何が必要なのか？　というと、戦略を立てられる力。**「45のコンピテンシー」の中の「戦略策定」です。**

年功序列型の企業や、評価基準が不明確な会社では、戦略策定をする力がない人でも部長クラス以上に昇進できますが、結局、本来、その力がない人がおかしな戦略を立ててしまうと会社の業績が下がり、危機的な状況を迎える確率がとても高くなります。

ただ、本当の意味で「戦略策定」ができる人は、非常に少ないのです。社長だけが戦略を考え、役員や部長は、課長クラスで成長が止まってしまっている――実はそういった会社も多いかもしれません。

なぜ「戦略」を立てることがそんなに難しいのかというと、ある程度の経験を積んだり本を読んだりしたくらいでは、なかなかその本質が理解できないからです。**トライ・アンド・エラーの繰り返しからしか学ぶことができない**からです。

それでも、部長クラス以上を目指すなら身につけるしかありません。

3年後、5年後の会社や部署のあるべき姿をできるだけ具体的に考える。現在の自社や自部門の問題を複数挙げ、その解決方法も複数考える。それぞれの方法に関してのメリット、デメリット、リスクも含めて徹底的に検証する。

そのようにして研鑽(けんさん)を積み、戦略策定のスキルを高めていくしかないでしょう。

部長クラスは「決断力」が重要

部長クラス以上になると、前項の「戦略策定」に加え、もう1つ重要となってくるコンピテンシーは「決断力」です。

決断とは、数々の選択肢の中から、たった1つを選んで決めること。1つの答えを選ぶ以上、ほかの選択肢はすべて捨てなければなりません。多くの可能性の中から何か1つを選ぶというのは、大変な覚悟がいることです。

迷っていたら業務は止まり、時間の経過が事態をより悪化させることもあります。適切なタイミングで必要な決断を下し、メンバーに次の行動を明確に指示しなければなりません。そういう意味では、孤独なポジションといえるでしょう。

社長や役員、あるいはメンバーに相談することはできますが、それでも決断するときは自分一人。自分の決断が間違っていたら、全責任を負わなければなりません。

やるか、やらないかを決める――大企業の役職者でも、本当の意味で組織のトップに立ったことがなく、自分で決定できない人たちが大勢います。

しかし、本来、20代でも30代でも、どんな立場であっても決断を迫られる場面はあります。そういう場面になったら、自分で考え、自ら責任を取る覚悟を持ち、勇気を持って決断する。日ごろからそういう経験と覚悟を積み重ねていくことが、40代以降で必要になる、より高いレベルでの「決断力」を養うことになるでしょう。

部長教育というのは本当に難しく、取り組んでいる会社も非常に少ないものです。

中長期的な視野を持ち、数年後の目指すビジョンを描くことができ、そのビジョンに向けた戦略を策定できる。伝統や慣習にしばられない発想ができ、新しい取り組みを実行する力がある。社内外に多分野の人的ネットワークを構築し、必要に応じて活用できる。いろいろな階層や職種について知識や経験を持ち、成果を極大化する組織運営ができる――。

こうした〝部長クラス以上に求められるコンピテンシー〟が完璧にクリアできている人は、転職するにも困りません。

部長クラス以上を目指すなら、「戦略策定」と「決断力」に磨きをかけること。この2大コンピテンシーを常に視野に入れ、自分を高めていきましょう。

すべての管理職に共通する「ミッション」

「人を育てる立場」になった管理職には、多くのコンピテンシーが求められるようになります。タスクマネジメント、ヒューマンマネジメント、効率良く成果を挙げていくためのタイムマネジメント（時間の管理）……などなど。

そしてそれらの中でも特に重要なのは、「仕事の意味を伝えること」です。

この事業は、このプロジェクトは、何のために行なうのか、何を目指しているのか、世の中にどんな価値があるものを提供するのか？　そうした仕事の本質的な意味を社員に伝えることが、人を育てる立場にある人の重要な役割です。

「仕事だから仕方ないだろう」「食うためにはしょうがない、だからやれ」と命令するだけでは、部下のやる気は上がりません。

部下にしてみれば、自分の上司の仕事の目的が、マンションのローン返済や、家族を養うためだけ、あるいは年金受給までの日々を乗り切るためだけだったら、仕事自体の目的が見出せなくなってしまいます。**部下は、上司のマンションや家族のために仕事を**

しているわけではないのです。

仕事をする直接的な目的は、「生活」や「家族」や「お金」のためでもあるのも事実です。しかし、それだけが目的だったら「その仕事」である必要はありません。ほかの仕事でも、別の会社でもいいわけです。

リクルートにいたころ、私は当時の上司から「お前は何のために働いているんだ?」と訊かれたことがあり、まだ20代だった私は、当然のように、

「生活していくためです」

と答えました。すると、その上司は力強い口調でこういったのです。

「自分がこの仕事をしているのは、求人広告を通じて世の中に貢献するためだ。一人でも多くの転職を成功させるために、多くのいい広告を出したいんだ!」

当時はあまり実感が湧かなかったのですが、自分が30代前半になったとき、その言葉の意味が理解できたような気がしました。それは、自分自身が「人事の仕事で世の中に貢献したい!」と強く思うようになったからでしょう。そして、働くことが「生活のために仕方なくやること」ではなくなり、とても楽しくなりました。

自分の仕事には、どんな意義があるのか。誰に対して、どのような役に立っているのか。どんな価値を社会に提供しているのか――。

その答えが見えたときに、人は初めて、その仕事に本気で取り組もうと思えるのでしょう。

名経営者は、なぜ皆「夢」を語るのか

上司が部下に伝えるべきことや語るべきことは、まさにこの理念の部分ではないでしょうか。

仕事の本当の目的とは、仕事を通じて社会や顧客に貢献することだと思います。言い換えれば、多くの人々の役に立つ「価値」を提供することです。

「売上」は、提供した価値の量を示すものであり、**「利益」は、創出した付加価値**の量。そして給与は、それぞれの社員が**会社に提供した価値**の対価といえるでしょう。

では、今の仕事における「価値」とは何か?

その意味を語ることが、管理職としての重要な任務であり、部下にモチベーションを

与え、成長を促すことになります。

あるいは、仕事の目的は「夢」と言い換えることもできるでしょう。

上司が語る「夢」に共感できたら、部下も、社外の優秀な人たちも、同じ「夢」を実現したいと願い、同じ目標のために多くの価値を提供してくれるはずです。

たとえ同じ「夢」でなくても、将来の自分の「夢」のために、部下がより成長していこうと努力するようになれば、それは人材育成＝ヒューマンマネジメントという、大事な任務の達成につながります。

「夢」とは、企業においての「ビジョン」や「経営理念」に当たるものです。それを具体的に実現する方法が「戦略」です。

夢を語り、実践することは、管理職にとって最も重要なコンピテンシーなのです。

第6章

これから待ち受ける「4つの選択肢」

――人生勝利の「働き方」と、そこへの最短のルート

「オペレーター」「オペレーションマネジャー」「スペシャリスト」「コア」という4つの道

自分は、将来どうなっていくのだろう。

5年後、10年後は、何をしているのだろう。

普遍的な「評価基準」を知ったことで、逆に、「自分の能力では、とても部長や役員クラスにはなれそうにない。でも、課長クラス止まりだと『困った人』になってリストラなのかな……」などと、不安がさらに増してしまった方もいるかもしれません。

確かに、会社の中で部長・役員クラスまで昇りつめようと思うなら、組織経営を通じて新しい価値創造を行なっていく、難易度の高いコンピテンシーの獲得や、非常に高いレベルの影響力を発揮することが求められます。

しかし、「道」は1つではありません。働き方やキャリアの積み方、仕事における社会的なポジションは、大きく4つのタイプに分類できます。

すべての人には、この4つの選択肢があるのです。

1　オペレーター

誰がやっても同じ結果が求められる仕事。決められたことを指示通りに行なう働き方。主な職種の例として、一般事務、店舗スタッフ、ライン作業などがあり、〝新人クラス、一人前クラスのコンピテンシー〟が求められます。派遣、アルバイト、パートなど、非正規雇用のケースが多く、働いた時間で給与が支払われます。

2　オペレーションマネジャー

組織の中でオペレーターを取りまとめる管理職。チーフや課長クラスに該当します。チェーン店の店長、工場の職長、コールセンターの統括マネジャーなど。賃金は月給制が中心。決められたことを組織的に遂行するのが主な業務です。

3　スペシャリスト

特定の領域で高い付加価値を提供することが要求される専門職。医師や弁護士、クリエイターなど、起業・独立して自営するケースも多く、企業内で仕事を行なう場合でも業務委託や契約社員である場合も多い。専門性が高くなればなるほど、付加価値を出せば出すほど収入は高くなる傾向があります。ただし、専門技術が陳腐化すると厳しい面があります。

4 コア

部長や役員クラスなど、企業経営を行なう幹部・幹部候補。正社員が中心ですが、委任契約による年俸制の場合もあります。時間に関係なく、価値創造ができればそれに応じて高い収入を得られます。逆に、できなければ相応の負債を負うリスクがあります。

（『Works No.42』リクルートワークス研究所２０００年をもとに追記構成）

給与や雇用形態は、会社や職種によって異なりますが、5年後、10年後、20年後も、あなたのポジションはこのいずれかになります。

つまり将来の選択肢は、この「オペレーター」「オペレーションマネジャー」「スペシャリスト」「コア」の4種類。このうち、どの道を選ぶのか、その選択次第で、仕事における目標も、獲得すべきコンピテンシーも変わってきます。

この4タイプのうちの、どれが偉いとか、偉くないとか、楽だ、厳しいだとかいうことはありません。オペレーターにはオペレーターのメリット、デメリットがあり、コアにはコアのメリット、デメリットがあります。

そこで考えてほしいのは、**自分の人生で「何」を最も大事にするのか**ということです。

「収入」を重視する人のための選択肢

収入を重視するのなら、コアかスペシャリストを目指すべきでしょう。幹部クラスになれば年収1000万円以上、スペシャリストとして独立して成功すれば、会社員の何倍もの年収を稼ぐことも可能です。

ただし、高い給与を得られる代わりに、コアもスペシャリストも、「45のコンピテンシー」のすべてを獲得して発揮するべく、絶えず成長し、変化していくことが求められます。**特に求められるのは、新たな価値を創造し、組織を率いる強靭（きょうじん）なリーダーシップです。**

永続的に新たな知識を吸収し、幅広い人脈をつくり、常に時代の動向に敏感でいることが当然とされます。極端にいえば、オンとオフの区別もなく、24時間、プライベートや、ときには健康面も犠牲にして仕事について考えていなければ、過酷なサバイバルを勝ち残れません。

スペシャリストとして独立して組織を離れれば、コアよりも、より「個人」としての自由な価値観を重視した、より満足度の高い生き方を選ぶことが可能となります。ただし、生活の安定性は失います。同業種の専門家は、すべてライバルです。常にスキルアップする必要があり、生存競争は、より熾烈（しれつ）になるでしょう。

コアもスペシャリストも、付加価値を生み出せなければ収入が保証されず、多額の負債を抱えるリスクもあります。高い収入を得るには、相応の努力や代償を伴うのです。

「時間」や「自由」を重視する人のための選択肢

オンとオフの明確な切り替えが可能で、家族や友人とすごす時間や、趣味にかける時間を確保したいというプライベートを重視する価値観の人なら、オペレーターや、オペレーションマネジャーがいいかもしれません。

最近は、コアやスペシャリストになれる能力があっても、自主的にオペレーターとして幸せな人生を謳歌（おうか）している人が大勢います。オペレーターとして、どこでも通用する力があれば、どんな会社でも重宝されます。もちろん、スペシャリストとして独立するほどの特別な技能はないけれど、オペレーションマネジャーとしてなら、自分の力を発揮できそうだ、という決断もありでしょう。

オペレーションマネジャーとして、コア人材をサポートすることで会社の中で確固たる地位を築き、家族とすごす時間を大切にしている人もいます。会社に万が一の事態が起きても、負債を抱えるようなこともありません。

もちろん、自由になる時間や、（事前に通告すれば）いつでも辞めることができる自由を得られる代わりに、代償はあります。

オペレーションマネジャーは正社員の場合が多く、オペレーターよりも高めの安定した収入が得られますが、組織内でのポジションを上げていかない限り、高収入を得ることは難しいでしょう。また、上と下との板挟みとなり、人間関係のストレスは大きいでしょう。多くの会社では「正社員＝コア人材候補」として採用しているので、オペレーターやオペレーションマネジャーのままでいると、コア人材としての見込みがないと判断されて、退職勧奨されてしまう危険性もあります。

オペレーターの場合、給与は年収３００万円以下のケースが多く、収入的にはコアと何倍もの差がつきます。仕事に求められることは「誰がやっても同じ結果」なので、同じ仕事がもっと安くできる人や地域、国があれば、仕事はそちらに持っていかれてしまい、立場も不安定です。

とはいえ、オペレーターでいたら収入が上がる望みはないかというと、そんなことはありません。

実は、オペレーターであっても「コア的」に働くことで、価値を上げて収入を増やし、キャリアの道を開くことはできます。たとえば、商品の陳列に工夫を凝らして売上を上げる、お客様に明るく声をかけて良好な人間関係を築くなど、できる範囲だけでも工夫することで、仕事の価値は上がります。周囲やお客様に認められれば、より責任の重い仕事を任されることになりますし、「どうすれば売上が上がるのか」「どうすればお客様からの支持が高まるのか」ということが見えてくれば、ほかの職場でも通用する力をつけることになります。そうなれば、会社側も辞めてほしくないわけで、大切にされるようになります。

〝自分の好きな生き方〟を選べる時代へ

「オペレーター」「オペレーションマネジャー」「スペシャリスト」「コア」この4つの選択肢から何を選ぶのかは、その人の生き方、スタイルの違いでしかありません。**どの道を選んでもいいのです。あなた次第です。**

4つの選択肢のうちの、どの立場になっても、「さらにコア**的**に働く」「さらにスペシャリスト**的**に働く」など、価値を出す方法はいくらでもあります。

そして、どの道を選んでもデメリットがあり、それぞれのリスクがあります。

何かを失うかわりに、何を得るのか、自分が求めるものは何なのか？

こうした4つの選択肢と普遍的な評価基準があることがわかれば、自分の希望する将来に向けて、進むべき具体的な道が見えてくるはずです。

何を大切にするかが定まると、むやみやたらに上昇志向にとらわれることはなくなるでしょう。

逆に、将来に危機感を覚えて、真剣にキャリアアップを狙う人も出てくるでしょう。

正解は、人の数だけあります。

大切なのは、将来を見据え、自分が満足する生き方を選択することなのです。

何年先を意識して目標を立てればいいのか?

「あなたは3年後にどうなっていたいですか?」

転職者の採用面接でこう質問されたときに、答えが漠然としている人は採用されにくい傾向があります。採用というのは、企業と個人のそれぞれのニーズのマッチングです。応募者は何をしたいのか、どんなキャリアビジョンを描いているのか。それがわからなければ、企業側も、その人が自分の会社にマッチするのかわかりかねます。そして、わからない人を採用することはできません。

それは、人材育成の場合も同じです。たとえば「3年後には課長になりたいです」と目標が明確な人なら、上司も指導しやすくなります。早い段階からマネジメントの基礎を教え、成長のスピードを速めることも可能です。

あるいは逆に、プライベートに時間を割きたいからオペレーターを志望している人に対して、昇進試験や研修を課すといった負荷をかけて、退職に追い込んでしまうこともなくなります。

企業側は、新人クラスは6カ月、一人前クラスは2年、3年後にはチーフクラス……というように、時間軸を示して人を育てることが大切です。

働く側は、いつまでに自分はどうなりたいのかと、具体的な時間軸を設定した目標を決めて仕事をするといいでしょう。

一般的には、1年先を見据えて仕事をするのが課長、3年先を見据えるのが部長、5年～10年先を見据えて仕事するのが役員といわれています。等級が上がるほど、見据えるべき時間軸が長くなるのです。

「自分が足りないものは◯◯と△△だから、3年間で獲得する」

どんなに時代の変化が激しくとも、コアを目指すのなら、課長クラスのうちに3年先まで見据えて、部長クラスになったら5年先、10年先の会社の姿やマーケットの将来を見据えた目標の立て方が必要になります。このようにして時間軸を設定して目標を立てると、漠然と同じ3年をすごした人とは本当に大きな差がつきます。

達成計画のある、なしで収入にこれだけ差が出る

目標を立てたら、具体的な達成計画を「紙に書くこと」をお勧めします。
とても単純な方法ですが、実際にやっている人は少なく、しかも非常に効果があるというデータも出ています。

イェール大学の1953年卒業クラスの学生に次の3つの質問をした。
Q1 あなたは何か目標はありますか？
Q2 その目標を紙に書いてみたことはありますか？
Q3 目標を達成するために計画を立てていますか？
1973年（20年後）の平均年収はどうなったかというと……

A1　目標はない。ただ楽しく生きていければいい。　84％　収入1
A2　目標はあるが、紙に書いたことはない。　13％　収入2倍
A3　目標を紙に書いたことがあり達成計画がある。　3％　収入10倍
（『一生モノの人脈力』キース・フェラッジ、タール・ラズ著、森田由美訳／パンローリングをもとに著者作成）

このデータによると、目標を紙に書いた人とそうでない人の20年後の平均年収に、なんと10倍もの差がついています。

もちろん、紙に書くだけで目標を実現できるはずはありません。本当に20年後に10倍の年収を得られるかは、人それぞれの努力次第でしょう。

しかし、「実際に効果がある」と語っている人は決して少なくなく、私自身も創業以来、これまでに紙に書いた目標は、ほぼすべて達成することができました。言い換えれば、「紙に書いた目標しか実現することはできない」ということなのでしょう。

なぜ紙に書くと目標が実現するのかというと、書くためには自分の目標を言語化する必要があるからです。考えていないことは言葉にできません。

紙に書くという工程を通じて、漠然としていた目標が明確になり、達成計画を具体的に考えることになるわけです。そして、自分でそれを読んで、目標が不明瞭だったり、現実性が乏しかったりすれば、計画の見直しが必要になります。

つまり、紙に書くという行為自体が、目標達成のための第一歩になるのです。

また、目標を書いた紙をいつも目にする場所に貼っておく、あるいは手帳にはさんで毎日眺めると効果がある、というのも実際にそうだと思います。

日々の仕事に追われていると、つい目標を忘れてしまうものです。しかし、常に目標が視界に入っていると、それを実現するために無意識の意志のようなものが働き、習慣的に行動に反映されるようになるのです。

方法は、ここまで具体的にしてこそ、効力を持つ

目標を実現するための重要なポイントは、いかに**具体的な達成方法**を書き記すかにあります。ただ単に「課長を目指す」と、漠然とした内容を書いても効果を発揮しません。

たとえば、次のページのサンプルのように、「時間軸を記した具体的な目標」や「目

標達成に必要となるコンピテンシー」「そのコンピテンシーを獲得するための行動プラン」を、できるだけ具体的に書くことによって、自らの行動を促していくのです。

■目標：3年後に課長になる
■必要なコンピテンシー：「プロフィット」「計数管理」「解決案の提示」
■具体的な行動プラン：
（1）近い業態の他社の有価証券報告書を見て、利益構造を理解する
（2）P/L、B/Sを学び、計数的視点から物事をとらえて分析できるようになる
（3）ロジカルシンキングについて学び、ツリーやマトリクスを使いこなす

人は漠然とした目標に対してはなかなか努力できないものですが、具体的な知識を得て明確な達成方法がわかると、実際に行動を起こせるものです。

「いつか自家用セスナがほしいなぁ」と漠然と願っているだけでは、荒唐無稽（こうとうむけい）な夢物語

にしか思えません。しかし実際に調べてみると、自家用単発機の免許を取得するためには、アメリカで試験を受けたほうがいいことがわかります。費用は160万円程度から。取得期間は約2カ月。保険や往復の航空券代を含めると合計180万円くらい。

小型プロペラ機の値段は、中古で200万円くらいから。駐車料金ならぬ駐機料金は、民間施設を利用する場合は月額5万～15万円程度。そのほか、保険や年間の維持費が300万円くらい。レンタルの場合は1時間で4万～5万円。

かなり高額な費用が必要にはなりますが、本当に実現したいと願うなら、必ずしも不可能ではないことがわかります。

願望を具現化することによって、現実的な実現プランが見えてくるのです。

自分の将来の目標は何か。それを実現するために、3年後までに達成すべきコンピテンシーは何か？　その具体的な方法は何か？

すべて紙に書いて、いつも目につく場所に貼っておきましょう。10倍の年収は保証できませんが、目標の達成確率は10倍以上に跳ね上がるはずです。

専門職には、別途こうした職位を設けるといい

時間軸を意識すると、自分にとっての具体的な選択肢が見えてきます。

「今、自分はチーフクラスだけど、3年後に課長になれるのか。自分のやりたいことは今の環境で実現できるのか。もっと自分のスキルを活かす道はないのか？」

たとえば、そう考えたときに、現状のままでは実現できないと思ったら、別の部署への異動や転勤、あるいは「マネジャー」や「コア」ではなく、「スペシャリスト」を目指して転職や独立をするという、別の選択肢も見えてきます。

次ページの表は、一般企業に見られる人事制度を示した例です。

プログラマーやSEなどのスペシャリスト（専門職）には、総合職の等級とは別に、**スペシャリストのための等級（人事上の格付け）**が設定されています。

この例では、オペレーター➡マネジャー➡コアと昇進していく「G1（グレード）」～「G6」までの階層とは別に、専門領域に関して極めて高い能力を持つスペシャリスト用の「EX（エキスパート）」という階層があります。この例を参考に、将来の選択肢の選び方を考えてみましょう。

■ 等級と職位

	等級制度 （人事上の格付け制度）			職位制度 （組織上の格付け制度）
G6	会社戦略			役員
G5	組織マネジメント	EX	エキスパート	部長
G4	部門マネジメント			課長
G3	成果創出			
G2	自己完遂			
G1	ビジネス基礎／オペレーション			

■ 階層イメージ

G6	5年～10年先を見据える。全社戦略を策定する。
G5	3年～5年先を見据えながら、組織戦略を策定する。
G4	担当部署のタスク管理、タイムマネジメント、ヒューマンマネジメントをしつつ、会社全体が見えている。担当部署の目標を達成させる。
G3	他部署との連携など周囲を巻き込み、求められている成果を創出する。
G2	一人前。自身の業務を一人で問題なく完遂する。顧客対応を任せられる。
G1	ピヨピヨ。明るく、素直に、元気に、真摯に業務に取り組む。
EX	ある専門的な領域に関して極めて高い能力を持ち、社内外に影響力を発揮している。

■ 階層マトリクス

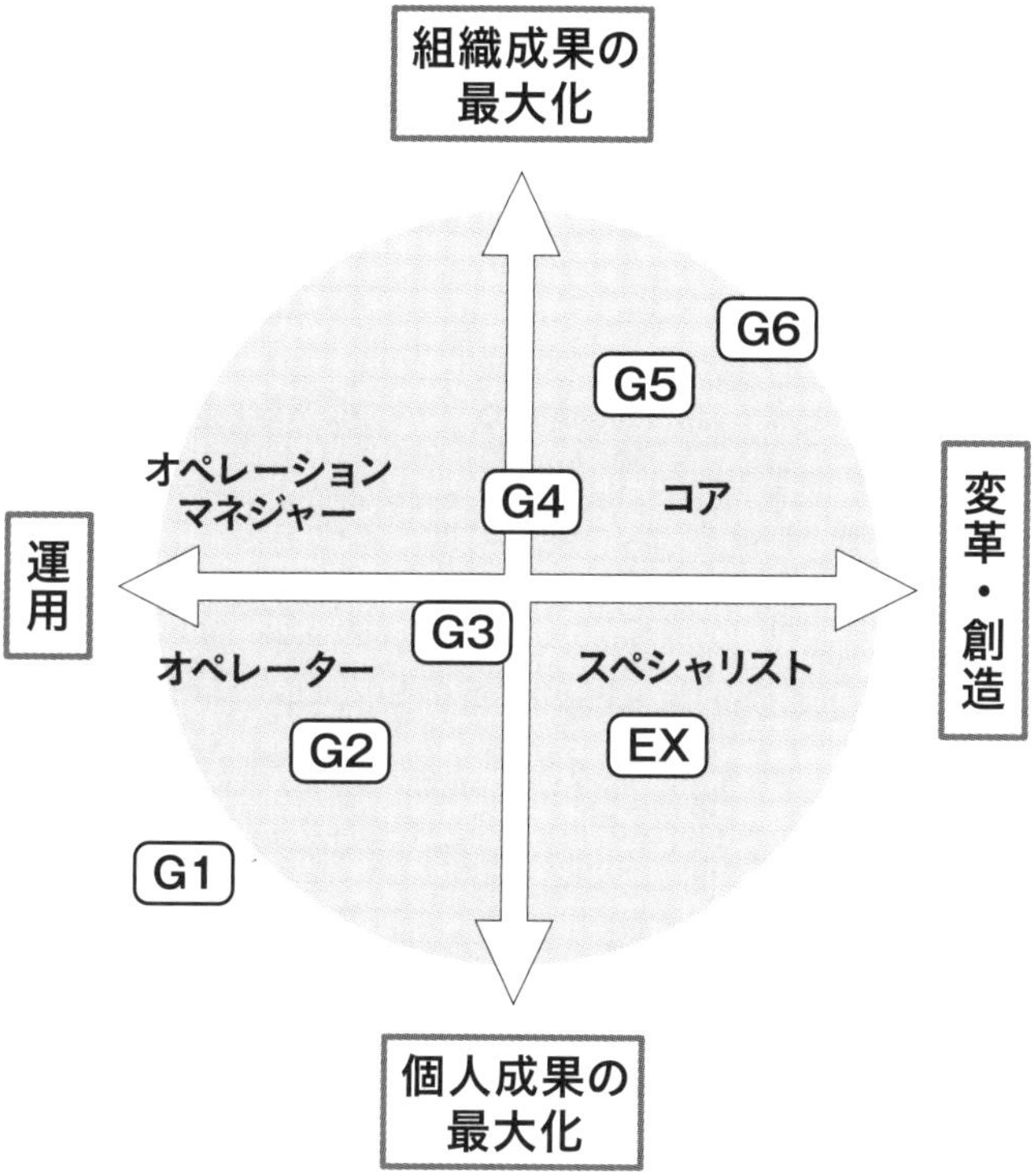

※等級：その人の影響力を示し、基本給の根拠となるもの

※職位：そのときの組織のポストで、責任と権限の所在を示す

※216ページの上の表には、等級とは別に「職位」を表記しています。少し専門的になりますが、多くの会社の人事制度においては、等級と、組織の長である「職位」を別運用しています。等級はその人の影響力を示し、職位は「誰がその組織（部や課）の責任を負っているか」を示します。G5が必ずしも「職位者としての部長」とは限りません。ただし、G5はいつでも部長ができる人（部長クラスの人材）ということは意味しています

人生の岐路に差しかかったときに考えるべきこと

仮に、あなたが今、「チーフ」クラスのプログラマーで、この会社に「EX」クラスのスペシャリストとして転職しようと思うなら、1000万~3000万円規模のプロジェクトを回せる力や人を束ねるマネジメント能力、新しい事業を開発できる力が必要になります。

つまり、「計画立案」「進捗管理」「目標達成」「計数管理」など、〝課長クラスに求められるコンピテンシー〟の獲得が課題になるわけです。

であるならば、今すぐに転職するのではなく、今の会社であと3年間チーフクラスを続けながら〝課長クラスのコンピテンシー〟を吸収し、多くの実績をつくってから転職するという目標の立て方もあるでしょう。

「いやいや、自分はマネジメント業務に向いてない。プログラマーとしての専門スキルを磨いて、将来はスペシャリストとしての道を歩みたい。そのためにはもっと勉強する時間もほしい」

もしそう考えるのなら、すぐに転職するという選択肢もあり得ます。

後者を目標にするなら、管理職に求められる「人材育成」「計数管理」「進捗管理」といったマネジメントスキルを吸収するよりも、今すぐ転職してプログラマーとしての専門スキルを高めていったほうが、自分の将来により役立つ選択になるかもしれません。

ただし、そのスキルが陳腐化するものではないか、よく見極める必要はあります。その場合、マネジメントの汎用的なコンピテンシーも身につけておくべきでしょう。

どうすれば「一生の安定」を手に入れられるか

産業能率大学が発表した「2014年度新入社員の会社生活調査」によると、150社500人の新入社員にアンケートを実施したところ、

「〝終身雇用制度〟を望みますか？」

という質問に対して、「望む」という回答が76・3％を記録していました。

同校では1990年から毎年この調査を行なっていますが、これは過去最高の数値だったそうです。

また「年功序列的な人事制度と成果主義的な人事制度では、どちらを望みますか？」という質問では「成果主義を望む」が56・7％、「年功序列」が43・3％。「成果主義」が過半数を越えていましたが、経年で見ると、3年連続で「年功序列」にシフトしています。リーマンショック以降、経済不安が恒常化し、多くの若者が終身雇用や年功序列といった「安定的な人事制度」を望む傾向が強まっているようです。

新入社員のほか、私自身が中途採用の面接でよく聞くのも「最後の転職にしたいと思います」「この会社に骨を埋める覚悟です」といった、やはり終身雇用や安定を望む言葉です。

しかし、これだけ世の中が変化し、人の寿命よりも会社の寿命のほうが短いといわれる昨今です。どんな大企業でも安定期が長く続くことはありません。

世の中が変われば、組織も事業ドメインも変わります。10年後にどんな会社になっているのか、それは経営者にもわからないのです。「終身雇用」も「年功序列」も、一部の例外を除いてあり得ないといわざるを得ません。

「安定」とは、変化しないことです。**「最後の転職にしたい」「骨を埋める」という言葉**

は、一昔前だったら人事担当者の心をとらえたかもしれませんが、今の時代では「変化を望まない人」という後ろ向きな印象を与えてしまいます。

そもそも「安定性」とは、求めるものではなく、結果としてもたらされる（かもしれない）ものです。会社とともに成長し、自ら変化し、結果的に長く働くことはあっても、それは結果であって、目的ではない、という認識が必要でしょう。

結局、会社や世の中に安定性はないのですが、自分自身が変化し、成長し続けることによって「自分の安定性」を高めることはできます。

参考：後悔しない転職のポイント2つ

今いる会社で昇進することだけが、キャリアアップではありません。

より自分の能力を発揮できる場所、より自分を評価してくれる場所を求めて、何度も転職を繰り返してステップアップしていくのも1つの生き方です。

ただし、転職関係の求人広告でよく見かける、「転職で年収アップ！」といったフレーズに惹かれて安易に転職するのは勧められません。

これまで多くの転職者を見てきた経験を根拠にいわせていただくと、転職したからといって、必ずしも年収が上がるとは限りません。もっとはっきりいえば、年収アップを転職の目的にすると、失敗するケースのほうが多いでしょう。

そして年収アップを目的に転職すると、会社側が求めるニーズと、自分自身が求める**企業側のニーズと、転職者側の希望が、100%マッチすることはまずありません。**方向性が大きくズレていて、長く続かないという事例が本当に数多くあるのです。

では、転職を成功させるには、どこに気をつけたらいいのか？

年収ではなく、「自分が本当にやりたいこと」を優先するのです。年収を下げてでもやりたい仕事を志すことに尽きます。そして、その結果、気がついたら年収もアップしていた、というのが理想でしょう。年収アップは、目的ではなく結果であるべきです。

2つ目のポイント。「大企業では埋もれてしまう力もベンチャー企業では活かせる！」そんなキャッチコピーにも、やはり注意が必要です。

大企業で埋もれる人材は、ベンチャー企業でも埋もれます。ベンチャー企業では人材の層が薄いから、若くても裁量権のある仕事をさせてもらえるケースは確かにあります。

しかし、大企業でも個人の裁量に任せている会社は、数多くあります。

大事なことは会社の規模ではなく、置かれた環境でいかに自分の力を発揮できるかという、その人自身の問題なのです。

資格を生かすにも、コンピテンシーが必要

「資格を取得すれば年収が上がり、大幅にキャリアアップできる」と考えるのも、やはり危険な考え方です。

たとえば、人事の仕事をしながら社会保険労務士の資格を取るのなら、ステップアップにつながります。しかし、営業の仕事が辛いから、社会保険労務士の資格を取って転職しようとしても、成功する確率は限りなく低いでしょう。

建築士や薬剤師など、その仕事をするために必要不可欠なケースは別として、資格を持っているだけで転職に成功することは、まずありません。

人事の仕事は、社会保険労務士の資格を持っていてもできません。経理の仕事も、簿記や公認会計士の資格を持っているからといって、それだけでは務まりません。

逆に、資格を持っていなくても、人事や経理の仕事で活躍している人は大勢います。

では、何が重要なのか？

それは、普遍的な評価基準に達する行動であり、どの業界でも求められている一般的なコンピテンシーです。

人事の仕事でいえば、経営陣からの要請を「はい、わかりました」と聞いているだけの人や、法規だけを見て「無理です」と簡単に結論を出してしまうような人には務まりません。さまざまな要請や事情を鑑みながら、最善の道を模索していく職業なのです。そのためには知識だけではなく、豊かな社会経験も必要です。

弁護士や弁理士の資格を持っていても、新人クラスに求められる「伝達力」といった基本的なコミュニケーション能力が不足していたり、チーフクラスに求められる「プレゼンテーション」などのスキルが欠落していたりするがために、食べていけず苦労している人は多くいます。

独立開業すればバラ色の人生が待っているなどというのは、昔の話です。今は報酬単価も下がっていますし、地道な営業活動や、新規顧客を開拓できるような企画営業力も必要です。

結局、資格を取ってスペシャリストとして独立するにしても、ビジネスパーソンの基本として求められるスキルは、すべて一緒なのです。

自分で道を選べるようになるために

独立にせよ、転職にせよ、ある仕事に対する「自分のスタイルを選べる状況」になるには、「影響力」を高め、その人ならではの価値を生み出せるようになることが大前提です。そうなるためには、下積みの時期も必要です。

結局、資格も「ツール」の1つにすぎないのです。それより大事なのは、その資格を取って、どんな価値を会社や世の中に提供したいのか、徹底的に考えることです。

自分は何のためにその仕事をしたいのか？　自分に提供できる価値は何か？

この最も大切なことを見失わないようにすることが、何よりも重要だと思います。

そのうえで普遍的な評価基準を知り、必要なコンピテンシーを獲得すれば、人生の選択肢を増やすことができます。

将来の選択肢が増えれば、あなたの人生はより豊かな可能性を持ち得ます。

会社から選ばれるだけでなく、自分で道を選べるようになることが重要なのです。

本書を通じて私が最もお伝えしたいことは、この一点に尽きます。

「会社に雇用される」ことが、唯一の生き方ではありません。世の中には、起業や独立といった別の選択肢もあるのです。

起業や独立をするということは、荒波に一人で漕ぎ出すことです。自由を得られる代わりに、危険な賭けをすることになります。ハイリスク・ハイリターンとは限らず、ハイリスク・ローリターンになるかもしれません。

しかし、一方で、会社員がローリスクなのかといえば、必ずしもそうとは限りません。前述したように、時代の変化によって、企業の成長ステージによって、会社は変化します。それはそれで、ハイリスクです。

起業すると、1カ月先が読めない、会社員は、1年先が読めない。

それぐらいの違いなのです。

そう考えると、どの道を選んでも、ハイリスクなのは一緒です。だったら、自分が本当にやりたいことを選び、その道を覚悟を持って突き進んだほうがいいと思いませんか。

おわりに

人生を選ぶ自由と力をあなたに

本書を通じて、私が最もお伝えしたかったのは、「自分の生き方を、自由に選べるようになりましょう」ということです。

「会社の中でトップを目指す道」
「専門性を極めて独立する道」
「仕事とプライベートを両立させる道」
「仕事よりもプライベートを重視する道」

本書の評価基準をベンチマークにして成長していけば、間違いなく人生の可能性が広がり、自分に合った生き方を選べるようになります。

普遍的で汎用的な評価基準「45のコンピテンシー」は、誰もが自分に合った生き方を

選べるキャリアステップの道標です。自分は今どこにいて、何を求められているのか、何をやるべきなのか。道に迷うことがないように、次に向かうべき道を指し示す、人生の宝地図となります。

人事評価とは、決してネガティブなものではありません。

人が成長し、自由を手にするためのポジティブな道標なのです。

評価される立場の人たちは、常に「今」の立ち位置を確認しながら、次の目標を定め、自分の道を切り開いていってください。

評価する立場の人たちは、どうか人を育てる仕組みをつくってください。そして、もしも明確な評価基準がないのなら、「45のコンピテンシー」を参考に、具体的な道標を社員たちに示してほしいと願います。

今の時代は、昔の日本企業のように社員の人生を丸抱えすることができなくなりました。だからこそ、どんな会社でも、どんな業界でも通用する人材になる必要があり、そういう人材を育てることは、会社や経営者の責任でもあるのです。

私自身、ここまで書いてきたことをうまくできてきたわけではありません。20代のころの私はまさに「困った人」だったと思います。低い評価をもらってしまったり、30代では昇格試験に落ちたりしたこともあります。そのときは、やはり「自分が何を求められているのか」を理解できていなかったのだと思います。

そして、50代となった今も弊社メンバーには叱られています（さすがに、叱ってくれる人が少なくなってきましたが！）。

それによって気づけることは、たくさんあります。

評価は、気づきの機会です。
伸ばすべき点、改善すべき点を明らかにして成長を促す仕組みです。

そして評価の指標は、「何が求められているのか」を明示しています。

私は、評価する側、される側の双方が成長し、より良くお互いを活かし合えるようになることが、この国をもっと活性化させ、もっと元気で希望のある豊かな社会をつくっていくことになると信じています。

人事評価の曖昧さに不満や疑問を抱いている人、自分でも気づかないうちに「困った人」になってしまっている人、キャリアの先が見えなくて不安な人、そして人事評価について悩んでいる管理職や人事担当者の人々――。多くの人たちにとって、本書が少しでもお役に立てたら幸いです。

最後に、本書を出版するに当たり、多くの方々のご協力をいただきました。

クライアントの経営者、人事担当者の皆さん、これまで人事という領域で一緒に働いた皆さん、フォー・ノーツ株式会社のメンバー・パートナーのみんな、万感の思いを込めて感謝の意を表したいと思います。

そして、本書を手にしてくださいました読者の方々に、心より御礼申し上げます。

参考文献
『出世する人は人事評価を気にしない』平康慶浩／日本経済新聞出版社
『新訳 現代の経営〈上〉〈下〉』P.F.ドラッカー著、上田 惇生訳／ダイヤモンド社
『家族脳』黒川伊保子／新潮社
『採用基準』伊賀泰代／ダイヤモンド社
『一生モノの人脈力』キース・フェラッジ、タール・ラズ著、森田由美訳／パンローリング
『仕事のできるあなたが、なぜリストラされるのか』砂山 擴三郎 ／ダイヤモンド社
『リーダーになる［増補改訂版］』ウォレン・ベニス著、伊東奈美子訳／海と月社
『指導力革命』ロバート・ケリー著、牧野 昇訳／プレジデント社
『THE21』2015-4 ／ PHP研究所
『PRESIDENT』2008年12・29号／プレジデント社
『人事評価に関する調査』NTTコムリサーチ、日本経済新聞社
『2014年度新入社員の会社生活調査』産業能率大学

人事（じんじ）の超（ちょう）プロが明（あ）かす評価基準（ひょうかきじゅん）

著　者——西尾　太（にしお・ふとし）
発行者——押鐘太陽
発行所——株式会社三笠書房
〒102-0072 東京都千代田区飯田橋3-3-1
電話：(03)5226-5734（営業部）
：(03)5226-5731（編集部）
http://www.mikasashobo.co.jp
印　刷——誠宏印刷
製　本——若林製本工場

編集責任者　長澤義文
ISBN978-4-8379-2609-2 C0030

君は、どう生きるのか

富士フイルムホールディングス
代表取締役会長兼CEO
古森重隆

●あらゆる場面が自己改革の宝庫 ●「自分の頭で考え抜く」ことなしに成長はない ●〝氷山の一角〟から〝氷山全体〟をイメージする力 ●サラリーマン人生には三回のチャンスがある ●一冊の本との出合いが、人生を変える……etc.

「考える力」をつける本

轡田隆史

本・ニュースの読み方から情報整理、発想の技術まで、「考える力」を身につけ、より深めるための方法を徹底網羅。――「『アタマというのは、こう使うものだ』ということを教えてくれる最高の知的実用書！」

働き方

稲盛和夫

●昨日より「一歩だけ前へ出る」 ●感性的な悩みをしない ●「渦の中心」で仕事をする ●願望を「潜在意識」に浸透させる ●仕事に「恋をする」 ●能力を未来進行形で考える

人生において価値あるものを手に入れる法！

自助論

S.スマイルズ【著】
竹内 均【訳】

「天は自ら助くる者を助く」――この自助独立の精神にのっとった本書は、刊行以来今日に至るまで、世界数十カ国の人々に希望の光明を与え続けてきた。福沢諭吉の『学問のすゝめ』とともに、日本人の向上心を燃え上がらせてきた古典的名作。

GIVE & TAKE 「与える人」こそ成功する時代

アダム・グラント【著】 楠木 建【監訳】

新しい「人と人との関係」が「成果」と「富」と「チャンス」のサイクルを生む――その革命的な必勝法とは？ 全米No.1のビジネススクール史上、最年少終身教授であり気鋭の組織心理学者、衝撃のデビュー作！

T50033